W0228904

Marc Engelhardt
Der Hüter der zerfallenden Bücher
Afrikanische Schicksale

Marc Engelhardt

Der Hüter der
zerfallenden Bücher
Afrikanische Schicksale

Picus Reportagen

Picus Verlag Wien

Für Karin, Annika und Merle

Informationen über das aktuelle Programm
des Picus Verlags und Veranstaltungen unter
www.picus.at

Inhalt

Vorwort

Während ich dieses Vorwort schreibe, ist über Nairobi, Kenias laute, übervolle und gerade deshalb so lebendige Hauptstadt, die Regenzeit hereingebrochen. Jede Nacht schüttet es wie aus Kübeln, um Straßen, Dächer oder ganze Wohnviertel in Sumpflandschaften zu verwandeln. Für die *Juakali* genannten, ungelernten Handwerker ist das die arbeitsreichste Saison. Noch im Morgengrauen verlassen sie ihre wenige Quadratmeter großen Hütten in den zahlreichen Elendsvierteln Nairobis, um – bewaffnet mit einem Schraubenzieher oder einer Kneifzange – mehrere Stunden bis zu einer der großen Hauptstraßen zu marschieren, wo sie am Straßenrand ihre Dienste feilbieten. Als mein Geländewagen sich kürzlich in einer besonders tiefen Pfütze etwas antat, brauchte es gleich drei der begnadeten Improvisateure, um den Wagen wiederzubeleben. Doch drei Schraubenzieher, ein gefundener Draht, mehrere Stunden Zeit und viel Gelächter reichten aus, um das Auto – zumindest vorläufig – wieder in Gang zu bringen.

Jua Kali ist Swahili und bedeutet so viel wie: unter der brutalen Sonne. Dort stehen die *Juakalis* tagein, tagaus und hoffen, dass jemand wie ich anhält, um sein Auto, sein Dach oder sein überschwemmtes Parkett reparieren zu lassen. Nur dann können sie und ihre Familien sich am Abend ein Essen leisten und am Ende des Monats die immensen Mieten im Slum. Vom Staat sehen sie wie die meisten Afrikaner nur dann etwas, wenn er sie schröpfen will: korrupte Polizisten, die von den Handwerkern eine »Gebühr« fürs Stehen am Straßenrand verlangen, oder Angestellte der Stadtverwaltung, die in regelmäßigen Abständen all jene vertreiben, die nicht mit den Zahlungen aus dem ständig wachsenden Gebührenkatalog im Reinen sind. Leben, das bedeutet für die *Juakalis* und das riesige Heer der unfreiwillig Selbständigen in Afrika vor allem: überleben.

Und doch sind die Tagelöhner kein Heer der Hoffnungslosen, oft ist das Gegenteil der Fall. Fast jeder, der da am Straßenrand steht, hat seine ganz persönliche Geschichte zu erzählen, die stets mit Pointen und der einen oder anderen Lebensweisheit gespickt ist. Trotz ihrer offensichtlichen Not sind – von jenen, die in Krisen- und Kriegsgebieten leben, abgesehen – die meisten Afrikaner keine Notleidenden, sondern Lebenskünstler. So sehr bestimmt das Mantra *Hakuna matata*, »bloß keine Sorgen machen«, den Alltag, dass sich nur Europäer darüber wundern, warum die verarmten Massen die stinkreiche Elite nicht schon längst aus ihren Palästen gejagt haben.

In Afrika, so begrüßte mich kurz nach meiner Ankunft in Nairobi vor fünf Jahren ein kenianischer Kollege, wird nicht nur gestorben, hier wird vor allem gelebt. Wer Zeit hat, zuzuhören, der erfährt von schier unglaublichen Schicksalen, von übermenschlichen Mutproben und unfassbaren Lebenswegen. Das gilt für Afrikanerinnen und Afrikaner ebenso wie für jene, die den Kontinent zu ihrer zweiten Heimat gemacht haben. Es sind diese gar nicht »einfachen« Leute, die inmitten der Widersprüchlichkeit und Brutalität, die das offizielle Afrika so kennzeichnen, Menschlichkeit verbreiten. Ihre Geschichten aufzuschreiben entfacht in mir stets aufs Neue die Hoffnung, die man braucht, um in Afrika zu leben.

Verloren ist dieser Kontinent jedenfalls noch lange nicht – dafür stehen die in diesem Buch gesammelten Schicksale vom Wüstenbibliothekar bis zum Glaubenspiloten, vom zurückgekehrten Stuhlträger des Kindermörders bis zum Supermodel aus dem Ziegenstall.

Vom Ziegenstall auf den Laufsteg

Immer mehr kenianische Mädchen wollen wie ihr Vorbild Ajuma ein Supermodel werden - koste es, was es wolle

Der Traum von der Supermodelkarriere beginnt auf einem splittrigen Laufsteg, zusammengehämmert aus alten Industriepaletten. Auf diesem Catwalk, aufgebaut im Innenhof eines Hotels am Stadtrand von Kenias Hauptstadt Nairobi, werden sie später schaulaufen: vierundzwanzig Mädchen und junge Frauen, die jüngste fünfzehn, die älteste zwanzig Jahre alt. Nur eine von ihnen wird am Ende die Chance bekommen, Kenia bei einem der renommiertesten Modelwettbewerbe der Welt zu vertreten. Doch wer es bis hierhin geschafft hat, hat immerhin schon eine beachtliche Zahl von Mitbewerberinnen ausgeschaltet. Die Stimmung unter den Konkurrentinnen ist entsprechend gut. Man zwinkert einander verstohlen zu oder lächelt scheu, während hinter der Bühne eine Kosmetikerin Anweisungen im Kasernenton gibt. »Erst die Grundierung, zack, zack, jetzt den Eyeliner, wer ist noch nicht so weit, hört ihr auch alle zu?« Hektisch greift Priscilla Kuong in das Arsenal von Quasten, Pinseln und Töpfchen, von denen sie die meisten zuvor noch nie gesehen hat. Später werden die Juroren ihr raten, das Make-up für die zweite Runde noch einmal nachzubessern. »Modelling ist mein Traum, mein absoluter Traum«, strahlt die Sechzehnjährige, die ihr krauses Haar über dem jungenhaften Gesicht kurz geschoren trägt. Ja, es ist hart. »Aber ich versuche mein Bestes. Es muss einfach klappen, es muss.« Priscilla ist erst am Abend vorher in Nairobi gelandet, sie kommt aus Goma im Osten Kongos. Dort hat sie gemeinsam mit ihrer Mutter, einer Krankenschwester, fünf Jahre brutalen Bürgerkriegs überstanden. Eine Arbeitskollegin der Mutter aus Kanada schließlich schlug Priscilla für den Ford-Modelwettbewerb vor.

»Das Bewerbungsfoto, das ich aus Goma bekommen habe, sah absolut grottig aus«, lacht Lyndsey McIntyre. »Ein verkrampftes Kind, das wie ein Kaninchen vor der Schlange in die Kamera guckt. Aber irgendwie hat sie etwas, deshalb haben wir sie eingeladen.« Wenn es um das gewisse Etwas geht, hat McIntyres Wort Gewicht. Vor fünf Jahren entdeckte die weiße Kenianerin für den gleichen Wettbewerb in der Halbwüste Nordkenias, nicht weit entfernt vom Ziegenstall der Eltern, Ajuma Nasenyana. Von Modenschauen hatte das Turkana-Mädchen nur im Radio gehört. Doch mit der ein Meter achtundsiebzig großen, athletischen Tochter einer Frauenaktivistin landete McIntyre ihren bislang größten Coup. Heute ist Ajuma ein Superstar, der zwischen London, New York und Paris hin- und herpendelt. Sie ziert die Titelseiten von Frauenzeitschriften und ist schon bei allen bedeutenden Mode-Events aufgetreten.

Wie sie in Jeans und T-Shirt im Schönheitssalon sitzt und während der Vorbereitungen für eine Modenschau ungeduldig mit den Beinen wippt, wird klar, dass ihr diese Rolle selbst noch nicht geheuer ist. Zu Hause, sagt sie, will auf einmal jeder so sein wie sie. »Meine Mutter hat mir erzählt, dass wildfremde Mädchen erzählen, sie seien mit mir verwandt.« Ajuma lacht. Das tut sie gern und laut. Dass die Zahl der Modelbewerberinnen im »Ajuma-Boom« stark zugenommen hat, findet sie okay, auch wenn sie vor den harten Arbeitsbedingungen warnt. »Da draußen zählt nicht, ob du irgendwelche Schönheitspreise gewonnen hast oder gestern mal erfolgreich warst. Entweder du machst vernünftig deinen Job, oder du bist weg vom Fenster.« Vor ihrer Karriere auf dem Laufsteg stand Ajuma auf der Tartanbahn: Beinahe wäre sie in die kenianische Olympia-Auswahl gekommen, vierhundert Meter läuft sie in siebenundfünfzig Sekunden. Gehungert, sagt sie, hat sie für ihre Figur nicht. Wie jedes andere Model auch darf sie aber nicht zunehmen: nirgendwo. Auf ihren Speiseplan achtet Ajuma deswegen peinlich genau. »Es ist ein tougher Job«, urteilt die Mittzwanzigerin. Entwurzelt fühlt sie sich oft, sagt Ajuma, die immer wieder zu den seltenen Modeevents in ihrer Heimat anreist. »Ich wünsche mir für die Zukunft ein echtes Zuhause, als Model bin ich ständig unterwegs.«

Doch solche Selbstzweifel verhallen in Kenia, wo mehr als zwei Drittel der Bevölkerung ohne Arbeit sind und vor allem die junge Generation keine Perspektive hat, ungehört. Ajumas Erfolg, abgebildet in neuen Modemagazinen auf Hochglanzpapier für die aufstrebende Mittelschicht, hat ebenso wie die Ausbreitung des Fernsehens und seiner Realityshows selbst in den ärmlichsten Slums die Hoffnungen auf Modelkarrieren angeheizt, glaubt McIntyre. »Ich bekomme jeden Tag mehrere Anrufe und E-Mails von Mädchen, die Models werden wollen, das war früher nicht so.« So wie die Jungen ihren Ausweg aus der Armut als Fußballspieler suchen, hoffen Mädchen auf die Modellaufbahn als Rettung aus der Not. Findige Geschäftemacher haben den Trend längst entdeckt. Die Zahl der Agenten ist seit 2002, als McIntyre ihre Agentur Surazuri gründete, explosionsartig gestiegen: »Es gibt alleine in Nairobi mehr als vierzig Agenturen, seriöse, aber auch solche, von denen man besser die Finger lassen sollte.« Hinter manchem Büro in Nairobis Innenstadt verbergen sich Menschenhändler, die vor allem minderjährige Mädchen in Bordelle im fernen Osten fliegen. Regularien oder Kontrollen für die Modelbranche gibt es in Kenia wie auch im Rest von Afrika nicht.

Doch der Einstieg ist das eine – das andere ist es, als Topmodel Aufträge zu bekommen. Selbst die in Kenia als Star gefeierte Ajuma weiß: »Wenn ich einen Ankleideraum betrete und der Auftraggeber sagt: ›Die nicht, die ist mir zu ethnisch‹, dann kann ich einmal schlucken, aber persönlich nehmen darf ich das nicht.« Lyndsey McIntyre ist undiplomatischer: »Modelling ist ein rassistisches Geschäft.« Auf dem Laufsteg sind exotische Afrikanerinnen wie Ajuma zwar in den vergangenen Jahren immer öfter gerne gesehen. »In New York haben Designer kürzlich sogar protestiert, dass nicht genügend schwarze Profimodels für solche Auftritte zur Verfügung stehen.« Doch in der Werbung, mit der Models und Agenturen das Gros ihrer Einkünfte bestreiten, sieht es anders aus. Weltweit verkäufliche Gesichter, Supermodels eben, sind – von Claudia Schiffer über Kate

Moss bis Gisele Bündchen – vor allem eines: weiß. »Ist es nicht erstaunlich, dass das berühmteste schwarze Modell bis heute Naomi Campbell ist, eine Frau, die nach Modelmaßstäben uralt ist?«, fragt McIntyre lakonisch. Newcomer haben zudem mit Problemen zu kämpfen, die Veteraninnen wie Campbell oder Alek Wek längst überwunden haben: Oft etwa scheitern geplante Modelshoots nur deshalb, weil eine westliche Botschaft das Visum verweigert.

Die internationalen Werbeagenturen, die in Nairobi ihren Sitz haben, halten sich zum Thema bedeckt. Im großen Markt der Werbung für Pflegeartikel, so sagt einer, fielen schwarze Models schon einmal per se aus: Schwarze Haut und krauses Haar seien nicht dazu geeignet, für Tönungscreme und Langhaarpflege zu werben. Während man das noch akzeptieren mag, sieht McIntyre die gleiche Diskriminierung auch bei anderen Produkten. Von der Designerjeans bis hin zum Auto strahlen fast immer weiße Gesichter von den Plakatwänden. »Die Werbeagenturen haben offensichtlich Angst, dass weiße Kunden auf Werbung mit schwarzen Models nicht reagieren, die Produkte also nicht kaufen.« Schwarze Kunden hingegen seien es schon seit Jahrzehnten gewöhnt, dass Produkte von Models anderer Hautfarbe angepriesen werden. Für schwarze Models gibt es daher in der Werbung kaum Bedarf. Gerade einmal vier Prozent der Topmodels, so McIntyres Schätzung, sind schwarz. Obwohl Schwarze auch in Europa und den USA immer größere Käuferschichten ausmachen, stagniert die Zahl. »Viele Werber sind sogar der Meinung, dass schwarze Kunden lieber zu Produkten greifen, die von Weißen beworben werden, weil damit ein höherer Status verbunden wird.« Für die lokalen Märkte ist das zwar anders – kenianische Marken etwa setzen bei ihren Kampagnen inzwischen immer häufiger auf kenianische Gesichter. Aber bei globalen Kampagnen spielt ein kleiner Markt wie Kenia eine so untergeordnete Rolle, dass sich in den Konzernzentralen niemand den Kopf darüber zerbricht. Die italienische *Vogue* wagte eine Sonderausgabe, für die ausschließlich schwarze Models vor die Kamera geholt wurden. Die Ausgabe sollte ein Signal gegen Diskriminierung sein – zu sehen nach etwa hundert Seiten branchenüblicher Werbung, in der nur weiße Models zu sehen waren.

Für die Kenianerin Emma Too, die in ihrem Heimatland seit Jahren auf dem Laufsteg steht, gibt es nur eine Lösung des Dilemmas: die Ausbildung neuer afrikanischer Models auf hohem Niveau. »Auf dem internationalen Markt gibt es für schwarze Models eigentlich nur eines: Du wirst ein Supermodel – oder du kehrst zurück in dein Heimatland und modelst nebenher.« Ein, zwei größere Events gebe es in Kenia vielleicht im Monat – wenn es hoch kommt. »Dazu kommt das Problem: Wenn du in der Werbung für ein Produkt erfolgreich bist, wollen alle anderen dich nicht mehr haben – der Markt ist zu klein, als Model wirst du dann voll und ganz mit einem Produkt identifiziert.« Die Welt brauche deshalb mehr Afrikanerinnen mit Supermodelformat, um den vorherrschenden Trend zu brechen.

Vor diesem Hintergrund lohnt es sich für

Agenten wie McIntyre, in die Suche nach potenziellen Supermodels, den Ajumas der Zukunft,
kräftig zu investieren. Ihr Portfolio von dreitausend Models hat sie im vergangenen Jahr radikal
auf zweihundert gekürzt: »Lieber wenige, auf die
ich mich dann wirklich konzentrieren kann.« Die
vierundzwanzig Mädchen, die zum Rap aus einem
iPod über die knarrenden Holzbretter laufen, hat
McIntyre überall im Land aufgetan. In Isiolo etwa,
einer konservativ-muslimischen Kleinstadt. Probleme hatte sie nicht. »Ich hatte vorher schon mal
beim Schulfest gemodelt«, freut sich Asili, eine
von sechs Finalistinnen aus Isiolo, über ihren Er-
fahrungsvorsprung. Im engen Jeansrock schreitet
sie entschieden über den improvisierten Laufsteg.
Herausfordernd streckt sie den Jurorinnen ihren
Busen entgegen, dann dreht sie sich nach einer
Schrecksekunde einmal um die eigene Achse und
tritt ab. McIntyre und Too nicken einander zu: eine
professionelle Vorstellung. In Isiolo würde sie niemals so rumlaufen, gesteht Asili ein – dort trägt
sie ein Kopftuch. »Aber meine Eltern haben nichts
dagegen, dort drüben stehen sie – die wollen auch,
dass ich Karriere mache.«

Nur einmal, erinnert sich McIntyre mit un-
glücklicher Miene, machten ihr die Eltern aus
Angst vor Ausschweifungen einen Strich durch
die Rechnung: nachdem die Tochter den Wettbewerb für sich entschieden hatte und zum internationalen Finale nach New York fliegen sollte.
»Da war nichts zu machen: Die Mutter hat ihre
vorherige Zustimmung zurückgezogen, die junge
Frau blieb hier.« So modern ihr Wunsch ist, Supermodel zu werden: Ihre Traditionen holen viele

afrikanische Models schneller ein als ihre europäischen Kolleginnen. »In Afrika auf dem Land haben viele schon kurz nach der Schule Familie«, beobachtet McIntyre. »Aber Profimodelling und Kinder lassen sich praktisch nicht vereinbaren.« Ajuma etwa will sich im Zweifel gegen die Karriere entscheiden. »Ich will Familie, das ist es, was mich antreibt – etwas Wichtigeres gibt es für mich nicht im Leben.«

Der Hüter der zerfallenden Bücher

Saif Islam hütet mitten in der Sahara einen Schatz, bedroht von Sand und Klimawandel

Wenn die Morgensonne in einem diffusen Schimmer den Horizont grau färbt, ist das Leben in Chinguetti bereits voll im Gang. In weiße Kaftane gehüllte Männer treiben ihre Kamelherden aus dem Koral, dem nächtlichen Schlafplatz, hinaus in die Dünen, die die Karawanenstadt inmitten der Sahara umgeben. Hier, im Nordosten des Wüstenstaats Mauretanien, hat sich in den mehr als siebenhundert Jahren seit der Gründung Chinguettis nur wenig verändert. Wer irgendwo anklopft und nach einer Auskunft fragt, wird zunächst einmal zu einem Glas süßen Tees mit einem Hauch Minze eingeladen. Der Tee muss mehrmals von der Kanne ins Glas und zurück geschüttet werden, damit er ausreichend schäumt. Drei Gläser muss der Gast trinken, erst ein viertes darf er ausschlagen. Mit solchen Traditionen soll das Überleben derjenigen gesichert werden, die den weiten Weg durch die Wüste hinter sich gebracht haben. Und wer es nach Chinguetti geschafft hat, ist zweifellos weit gereist.

Ein meist trocken liegender Wadi trennt die ein paar Hundert Jahre alte Neustadt und die im 12. Jahrhundert gebaute Altstadt von Chinguetti. Alle paar Jahre, wenn es in der Sahara kräftig regnet, fließt hier ein reißender Fluss, doch nach ein paar Tagen liegt alles wieder trocken da. Die Stadt ist in den Jahrhunderten gewandert. In der höher gelegenen Neustadt mit ihrer Marktstraße blüht das Leben. In der Altstadt hingegen, wo die aus Sandstein errichtete Moschee aus der Gründerzeit mit einem prächtigen Turm neben den ältesten Häusern der Stadt in der Sonne backt, ist kaum eine Menschenseele unterwegs. Einer der wenigen, der hier noch die Stellung hält, ist Saif Islam. Er ist der jüngste Spross einer Familie, die seit Jahrhunderten einzigartige Bücher und Schriften der Glaubensgelehrten von Chinguetti in ihrer Privatbibliothek aufbewahrt. Denn als die Karawanen im 12. Jahrhundert von Arabien aus hierherkamen, um Gold, Elfenbein und andere afrikanische Kostbarkeiten einzukaufen, brachten sie den Islam mit nach Chinguetti. Die Stadt galt bald schon als »das siebte Mekka«, eine der heiligsten Städte des Islam. Vor allem für seine Schriftgelehrten ist Chinguetti berühmt, die schon vor Hunderten von Jahren Traktate zur Auslegung des Korans verfassten, ebenso wie wissenschaftliche Schriften.

»Das Haus ist fast so alt wie die Bücher«, lächelt Saif Islam, während er mit einem Schlüssel von der Größe eines Handfegers das rappelnde Schloss öffnet und den schweren Holzriegel zurückschiebt. »Das Schloss wurde im 13. Jahrhundert konstruiert«, verkündet Islam stolz, als habe er es selbst gebaut. Zumindest weiß er alles über sein Innenleben: Mehrfach schon hat er es repariert. Eine schmale Treppe geht es dahinter hinab, hinein in einen sonnendurchfluteten Innenhof. Ein zweites Portal, ein zweites Schloss, das Islam auf ähnliche Weise öffnet. Dann bückt sich der Neunundfünfzigjährige durch die Öffnung, die nicht viel höher als einen Meter ist, und steht in seiner Bibliothek.

Europäischen Bibliothekaren würden vermutlich die Haare zu Berge stehen, wenn sie sähen, was sich in der Kühle hinter den dicken Sandsteinmauern verbirgt. Eine Theke mit Glasplatte, darunter wild durcheinandergewürfelte Folianten, Pergamente, Ordner. Die Wand dahinter ist bedeckt mit schiefen Regalen, in denen Pappschuber stehen, wie sie in Ämtern für noch nicht verjährte Akten benutzt werden. Erleuchtet wird die Szenerie von einer nackten Neonröhre, zu deren Betrieb Islam knatternd einen Dieselgenerator startet. Dann zieht er mit gezieltem Griff einen der Schuber heraus und legt ihn auf die Glastheke. »Dies ist eines der größten Bücher, die ich habe, es stammt aus dem 17. Jahrhundert«, sagt er, während er ein schwer gebundenes Buch aus dem Schuber zieht und zärtlich über den angefressenen Ledereinband streicht. »Der Hadith, die Worte des Propheten.« Der Pappschuber reiche aus, um die unersetzlichen Werke gegen Staub und Termiten zu schützen, gibt sich Islam zuversichtlich. »Für den Rest sorgt das Klima, nirgendwo kann man Bücher so gut lagern wie in der Wüste.«

Die Bibliothek mit ihren unschätzbaren Werten ist seit 1698 im Besitz von Islams Familie. Saif kennt jedes einzelne Werk. Schon als Kind kam er gemeinsam mit dem Vater hierher, um in der Kühle und Stille der Bibliothek vorsichtig in den ausschließlich handgeschriebenen Bänden zu blättern.

Islam greift blind in ein Regal und fördert eine weitere Kostbarkeit zutage. »Dies ist der einzige

Koran in Chinguetti, der auf Gazellenhaut geschrieben ist«, präsentiert er stolz einen Band,
aus dem lose Seiten hervorlugen. »Und hier eine
Grammatik aus dem 15. Jahrhundert – der Text in
rot, die Anmerkungen in schwarz.« Islams Wissen
ist sein Kapital: Der mehrfache Großvater und seine Familie leben davon, dass diese Bücherei exis-
tiert. Islam, auch ein Unterhaltungstalent, stimmt
einmal sogar ein gesungenes arabisches Gedicht
aus dem 17. Jahrhundert an, um seine Besucher
bei Laune zu halten. Den Text kennt er längst aus-
wendig. Bei aller Show, mit der er den wenigen
Touristen ein möglichst großes Trinkgeld aus der
Tasche ziehen will: Saif Islam liebt seine Bücher,
sie sind sein Leben. Hergeben will er sie auf keinen
Fall. Als die Regierung in der fernen Hauptstadt
Nouakchott vor einiger Zeit auf die Idee kam, die
Schriften in einer hochmodernen Zentralbibliothek unterzubringen und sie so besser vor dem
Verfall zu schützen, war Islam entsetzt. »Dies ist
eine Privatsammlung, keine öffentliche Bücherei.«
Er bebt vor Zorn. Auch die anderen Bibliotheka-
re, die ihre Sammlungen in ähnlichen historischen
Gebäuden wie jenem der Islams unterbringen,
winkten entschieden ab. In der voreilig gebauten
Zentralbibliothek von Chinguetti verstauben heu-
te die leeren Regale.

Bange, wie lange seine Bücher noch durchhal-
ten werden, ist Saif Islam dennoch, seit er einen
Bericht des UN-Komitees für das Welterbe gele-
sen hat. Darin heißt es: »Antike Stätten sind für
ein bestimmtes Mikroklima gebaut worden und
werden durch den Klimawandel in ihrem Bestand
bedroht.« Konkret heißt das: Gebäude bröckeln

weg, weil Hitze oder starke Regenfälle den Boden auflösen, auf dem sie stehen. In Timbuktu im Norden Malis, ebenso wie Chinguetti eine Saharastadt, sind antike Gebäude von den vorrückenden Dünen bereits regelrecht erdrückt worden.

Dass sich das Klima in Chinguetti geändert hat, bestätigt Saif Islam. Er bemerkt, wie Papiere brüchiger werden, weil die Temperaturen seit Beginn der neunziger Jahre stetig zugenommen haben. Weil es generell heißer und trockener geworden ist als in der Wüste ohnehin schon, rücken die Dünen schneller vor. Klimaforscher erklären das so: Gestiegene Temperaturen begünstigen stärkere Winde, die den Sand vor sich hertreiben und seine zerstörerische Kraft verstärken. »Diese Stadt ist bedroht, akut bedroht«, konstatiert Saif Islam, während er sich den Schweiß von der Stirn wischt. »Wenn die Wüste noch weiter in die Stadt vormarschiert, wird die Bibliothek verschüttet und muss in die Neustadt evakuiert werden.« Schon jetzt sind viele Straßen in Chinguettis Altstadt von Ruinen gesäumt, die mit Sand vollgelaufen sind. Auch um Saif Islams Bibliothek liegt ein Ring aus Sand.

Auf der Marktstraße im Schatten der neuen Moschee jenseits des Wadi, wo sich wie jeden Morgen fliegende Händlerinnen und Händler vor den wenigen Läden versammelt haben, will man ebenfalls gemerkt haben, dass sich das Klima verändert. Während sie ein paar Tomaten, leuchtend gelbe frische Datteln oder in kostbares Wasser getauchte Minze feilbieten, erzählen die Kaufleute von ihren Beobachtungen. »Es ist heißer geworden, immer heißer«, sagt Fatima, deren Gesicht schwarz verschleiert ist. »Viele meiner Verwandten waren Nomaden und sind jetzt sesshaft geworden, weil es selbst das Wenige, das wir früher in der Wüste finden konnten, nicht mehr gibt.« Unvorhersagbar sei die Sahara geworden, pflichtet Fatimas Nachbarin bei: Wo es früher stets Wasserlöcher gegeben habe, seien sie heute im Sand verschwunden. »Das wenige Land, das zum Ackerland taugte, ist von Dünen förmlich überspült worden.«

Kein Kontinent, so der Weltklimarat IPCC, wird so sehr vom Klimawandel getroffen wie Afrika. Die Klimaforscher führen das auf »mehrfachen Stress« zurück: In einer Region, die durch Armut, schlechte Regierungsführung, eine durch Menschen bereits angegriffene Natur und zahlreiche Konflikte gezeichnet ist, gibt es keine Kapazität, sich an die Folgen des Klimawandels anzupassen. Durch die steigenden Temperaturen häufen sich zudem extreme Wetterereignisse in Afrika. Das bedeutet: mehr Dürren, mehr Überschwemmungen. Wetterereignisse wie Regen- oder Trockenzeiten lassen sich nicht mehr vorhersagen. Dazu passt, dass seit ein paar Jahren die Regenfälle über Chinguetti häufiger und heftiger hereinbrechen. Die Fundamente seiner Bücherei, so hat Saif Islam beobachtet, sacken nach jedem Regenfall ein bisschen mehr ab, immer mehr Wände stehen schief. »Die Leute freuen sich über den Regen, jeder Niederschlag ist hier ein Grund zum Feiern«, räumt er ein. Doch im Wechselspiel der Extreme droht Chinguettis von der UN-Kulturorganisation UNESCO ausgezeichnetes, einzigartiges Weltkulturerbe unterzugehen – und damit ein ganzer Wirtschaftszweig. »Es geht um Existenzen: Wir alle leben von Touristen, die die Bibliotheken sehen wollen – wenn die wegbleiben, werden wir arm«, fürchtet Islam. Dennoch will er weiter hoffen, während er sein schweres Portal wieder abschließt. »Vielleicht lässt die Verwüstung ja doch wieder nach, inschallah.«

Moderne Schutzwälle oder irgendwelche technischen Wunderwerke, um die Folgen des Klimawandels abzufedern, kann sich hier in der Sahara ohnehin niemand leisten. Hoffnung hingegen kostet nichts, auch wenn sie vergebens scheint. Eine halbe Stunde Fahrt in die Sahara hinein bringt uns zu einem kleinen Dorf mit quadratischen Hütten aus Lehm. Haus und Palmenhain, gespeist aus einem nahen Brunnen, sind von geflochtenen Zäunen aus Palmblättern und Holz umgeben, die den Sand aufhalten sollen. »Den Wüstenvormarsch hat es schon immer gegeben«, erklärt mein Fahrer Lemine, der aus dieser Gegend stammt. »Aber die Wucht des Sandes ist so stark geworden, dass die Zäune nicht mehr halten. Dieses Dorf wird langsam aber sicher vom Sand eingeschlossen, und man kann nichts dagegen tun.«

Das scheint auch für die große Stadt Chinguetti zu gelten. Nur ein paar Straßen von Saif Islams Bücherei entfernt hat jemand eine dreieinhalb Meter hohe Messlatte aufgestellt. »Hier wurden im Juli 2003 3,5 Meter Dünensand abgetragen«, heißt es auf dem Pappschild, das danebenhängt. Vier Jahre später ist gut die Hälfte der Latte schon wieder vom Sand eingeschlossen.

Überlebenskampf im Paradies

Simbabwer und Touristen haben für das Naturspektakel der Victoriafälle längst keinen Blick mehr übrig

Das Donnern des Sambesi, der hier mehr als hundert Meter in die Tiefe stürzt, ist ohrenbetäubend. Fast zwei Kilometer sind die Victoriafälle breit; jetzt in der Trockenzeit brechen rund zwanzigtausend Kubikmeter Wasser pro Minute spektakulär die schroffen Felswände hinab, nach der Regenzeit sind es mehr als eine halbe Million. Ein Weltwunder, keine Frage. Doch kaum noch jemand kommt, um das Wunder mit eigenen Augen zu sehen. Nur knapp dreißig Besucher haben sich im August und September 2008 in das Besucherbuch eingetragen, das gleich hinter dem Eingang zum Victoria-Falls-Nationalpark aufliegt. Dabei sind nur hier, von der simbabwischen Seite aus, die Fälle in ihrer ganzen Größe zu bestaunen. Die Katarakte im sambischen Nationalpark jenseits der Schlucht, die beide Länder trennt, sehen im Vergleich kläglich aus.

»Alle sind hierhergekommen, um die Fälle zu sehen«, erinnert sich Neva Makoni, der vor dreißig Jahren in Victoria Falls geboren wurde. »Die Leute sind von Harare und Johannesburg nach Vic Falls geflogen, haben hier ein paar Tage übernachtet, gut gegessen und auch sonst viel Geld ausgegeben.« Doch diese goldenen Zeiten sind lange vorbei. Spätestens seit den Unruhen, die nach den Wahlen im Frühjahr 2008 begannen, ist Victoria Falls vollends zur Geisterstadt verkommen. Auch Makoni wirkt verloren, wie er vor dem Eingang zum Park steht in einer verblichenen Hose und seinem T-Shirt, das schon lange jede Form verloren hat. Die wenigen verbliebenen Souvenirverkäufer versuchen lustlos, mir simbabwische Hundert-Milliarden-Dollar-Scheine zu verkaufen – als wertloses Souvenir, für einen US-Dollar. »Früher habe ich selber Skulpturen aus Stein geschliffen und den Touristen verkauft, aber das habe ich inzwischen aufgegeben«, erklärt Makoni. »Es lohnt den Aufwand nicht, wenn die Käufer fehlen.« Doch andere Jobs gibt es auch nicht.

Seit zwei Tagen läuft der Dreißigjährige mit einer unhandlichen Plastiktasche durch die Innenstadt. In ihr steckt eine Steppdecke, die Makonis Frau fein säuberlich zusammengefaltet hat. »Ich will unsere Bettdecke verkaufen, um das Schulgeld für meinen Sohn bezahlen zu können.« Im vergangenen Trimester, berichtet Makoni unglücklich, habe die staatliche Vorschule noch umgerechnet zehn US-Dollar verlangt. »Aber jetzt will sie fünfunddreißig, wo soll ich das ohne Arbeit hernehmen?« Zehn Kinder, sagt er, gehen heute in die Schule, wo vor ein paar Monaten noch zweihundert getobt und gelernt haben. Aber der Direktor weigert sich, die Gebühr zu senken. In ein paar Tagen wird die Einrichtung vermutlich ohnehin dichtmachen. »Die Lehrer haben einen Streik angekündigt, weil sie mehr Geld wollen.« In der Zeitung wird der Chef der Lehrergewerkschaft zitiert: »In den Achtzigern konnten sich Lehrer ein Haus leisten, in den Neunzigern noch ein Auto, heute ist selbst ein Paar Schuhe zu teuer.« »Ich verstehe die Lehrer, die meisten sind ja ohnehin schon nach Botswana oder Sambia geflohen, um dort zu arbeiten«, sagt Makoni.

Nicht nur Arbeit ist ein Problem in Robert Mugabes Simbabwe. In dem Gewirr aus Hütten jenseits der Touristenstadt an der Ausfallstraße, wo Makoni lebt, gibt es seit Wochen kein trinkbares Wasser mehr. »Die Leute vom Wasserwerk sagen, sie können wegen der ständigen Stromausfälle das Wasser nicht mehr ordentlich klären«, weiß der achtzehnjährige Tamele, ein Nachbar Makonis, der seinen Nachnamen vor lauter Angst nicht nennen will. Hat er Strom? »Nein, der war schon lange vor dem Wasser weg.« Ein Freund von ihm hat sich kürzlich den Arm gebrochen und ging ins Krankenhaus. »Da haben sie ihn gleich wieder weggeschickt: Wer hier einen Verband will, muss Mull und Gips selber mitbringen.« Einen Tag hat es Tamele gekostet, um das Nötigste aufzutreiben. Weil die Vorräte in den Apotheken aufgebraucht waren, brachte eine Bekannte Mullbinden von der anderen Seite der Victoriafälle aus Sambia mit.

Neva Makoni und Tamele sind Ndebele, wie Morgan Tsvangirai, der Oppositionsführer, der für viele die letzte Hoffnung darstellt, dass der seit der Unabhängigkeit 1980 regierende, mittlerweile vierundachtzig Jahre alte Mugabe doch einmal abtritt. Internationale Beobachter und die meisten Simbabwer sind sich einig, dass Tsvangirai die Wahlen gewonnen hat. Doch Mugabe will die Macht nicht aufgeben. Tsvangirai bleibt stur, doch was das bringt, ist ungewiss. »Mugabe muss abtreten, sonst wird sich nichts ändern«, ist Tamele wütend. Wie fast alle hier hat er für Tsvangirai und seine Bewegung für demokratischen Wandel gestimmt.

Der Wunsch nach Wandel ist nicht nur in der Wirtschaftskrise zu suchen, die Simbabwe von einem der reichsten Länder Afrikas zu einem Staat von bettelarmen Millionären und leeren Supermarktregalen gemacht hat. Die Abneigung gegen Mugabe geht tiefer: Die Ndebele haben es dem Befreier von der rassistischen Kolonialherrschaft nie verziehen, dass er kurz nach der Unabhängigkeit mit Militärgewalt einen Bürgerkrieg vor allem gegen die Ndebele und ihren politischen Führer Joshua Nkomo führte. Mehr als zehntausend Ndebele wurden von einer in Nordkorea ausgebildeten Elitetruppe Mugabes brutal getötet. Vor den juristischen Folgen dieses Massenmordes zittern heute noch Mugabegetreue in Politik und Militär. »Das ist der Grund, warum sie nicht nachgeben werden«, gibt sich Makoni resigniert. »Sie werden Tsvangirai kaltstellen, und dann geht es weiter bergab.«

Der Niedergang der einstigen Vorzeigeökonomie Simbabwe, wo die Inflation in diesem Jahr auf mehr als elf Millionen Prozent geschätzt wird, ist in Victoria Falls besonders deutlich zu sehen. Die Stadt ist ein Kunstprodukt, gebaut für die jetzt fehlenden Besucher. Dreihunderttausend Übernachtungsgäste zählte Victoria Falls noch 1995. Weil Investoren damals immer mehr neue Hotels bauen wollten, warnten Naturschützer vor schweren Folgen für die Umwelt, sollte sich die jährliche Besucherzahl wie prognostiziert bis 2005 auf fast eine Million erhöhen. Das Kingdom-Hotel ist einer der letzten Auswüchse des damaligen Booms: ein monströser Koloss, angeblich der antiken Ruinenstadt Simbabwe nachempfunden. An deren Untergang wird man unweigerlich erinnert, wenn man mit lautem Echo durch die hohen, leeren Hallen in das zentrale Atrium läuft, eine von geschlossenen Restaurants umfriedete Ansammlung von Spielautomaten, die gespenstisch im Halbdunkel leuchten. Wo sind die Gäste? »Das sind Sie«, strahlt der verlassen wirkende Portier glücklich. »Sie sind derzeit der Einzige hier.«

Wer heute überhaupt noch nach Victoria Falls kommt, der übernachtet in Sambia und kommt über die Stahlbrücke, die den unteren Sambesi überquert und beide Staaten verbindet. Ab zehn Uhr früh stürzen sich immer wieder Menschen von der Brücke in die Tiefe. Nicht aus Verzweiflung oder Not, sondern weil sie dafür bezahlt haben: Bungee-Jumping gehört zu den Attraktionen, mit denen sambische Reiseveranstalter vor allem Rucksacktouristen nach Livingstone, dem sambischen Gegenstück zu Victoria Falls, locken. Auch Rafting, Paragliding und Abseilen gehören zu den Rennern. Mit dem Angebot rund ums Adrenalin haben die Sambier aus der Not eine Tugend gemacht: Weil von den Victoriafällen auf sambischer Seite so wenig zu sehen ist, fachen Veranstalter die Nachfrage auf diese Weise an. Zusammen mit der Simbabwe-Krise hat das in der einst verschlafenen Provinzstadt zu einem Bauboom geführt, der Victoria Falls alt aussehen lässt. Wer dennoch nach Simbabwe fährt, um die Fälle zu sehen, tut dies meist ein bisschen ängstlich. »Glaubst du, die lassen uns wirklich wieder raus?«, fragt eine österreichische Urlauberin leise ihren Mann, während sie ein Einreiseformular ausfüllt.

Solche Sorgen haben die Simbabwer nicht, die

jeden Morgen bei Sonnenaufgang den Weg über die Brücke bis zum ersten sambischen Spar-Supermarkt zurücklegen, zehn Kilometer von der Grenze entfernt. »Um sieben Uhr früh stehen bei uns schon Hunderte Schlange, die Brot kaufen wollen«, stöhnt eine der Kassiererinnen, die gerade wieder eine Einkaufswagenladung Toastbrot durchzählt. Vierzig Stück hat John, einer der Händler, für etwa fünfzig Eurocent pro Stück gekauft. Das Geld zieht er vorsichtig aus seiner linken Socke. Vor der Tür packt er das Brot in große Kartons, dann stellt er sich zu den Simbabwern, die auf der anderen Seite des Parkplatzes auf ein Sammeltaxi warten. In Victoria Falls verkauft John das Brot auf einem Markt – für drei Euro pro Stück. »Ich zahle für das Brot und die Taxifahrt, und die Zöllner wollen natürlich auch Geld sehen.« Weil es simbabwisches Brot schon seit Wochen kaum noch gibt, kauft es trotz des horrenden Preises jeder, der es sich irgendwie leisten kann. Das Gleiche gilt für Zucker oder Maismehl, das in Fünfundzwanzig-Kilo-Säcken auf dem Kopf über die Grenze getragen wird. Der kleine Grenzverkehr gehört zu den Absurditäten in Mugabes Simbabwe: Er ist eigentlich verboten, aber jeder toleriert ihn, weil sonst alle hungern würden. Bis ins fünfhundert Kilometer entfernte Bulawayo, Simbabwes zweitgrößte Stadt, und sogar nach Harare reichen die Wege der Kleinhändler, von denen kaum einer mehr als zwanzig Euro Startkapital hat. Wenn die Sonne rot glühend untergeht über den Victoriafällen, verstauen sie säckeweise sambische Lebensmittel in dem Nachtzug, der ins Landesinnere fährt.

Im Land des verlorenen Glaubens

Ethnischer Hass und politisch aufgeheizte Gewalt in Kenia lassen selbst Mönche verzweifeln

Die Stille im Kloster von Kipkelion ist absolut. Auf dem Berggipfel über den Teeplantagen, die weite Teile des kenianischen Rift Valleys bedecken, schluckt der dichte Wald jeden Ton von der nahen Straße, auf der nur selten ein Auto vorbeikommt. Das vor mehr als fünfzig Jahren aus massivem Granit erbaute Refugium des Zisterzienserordens ragt wie ein Mahnmal in den von schwarzen Wolken durchzogenen Himmel. Wenn dieses Kloster ein Ort des Friedens ist, dann ist es ein trügerischer Frieden. So wie im Rest des kenianischen Rift Valley, das nach den Wahlen im Dezember 2007 die schlimmsten Massaker in der Geschichte des ostafrikanischen Landes erlebt hat, ist auch in Kipkelion nie wieder Normalität eingekehrt.

Pater Stefano Rwegarulira, der das Kloster Unsere Mutter Gottes von Victoria leitet, liest jeden Tag die Zeitungen aus dem zweihundert Kilometer entfernten Nairobi. Auf einem Tisch liegen die alten Ausgaben gestapelt vor dem kargen Speisesaal, in dem die zwölf verbliebenen Mönche schweigend ihre Mahlzeiten einnehmen. »Ich lese von der großen Koalitionsregierung und den Aufrufen der Politiker zum Ende des Hasses, aber hier hat sich nichts geändert.« Zum Zeitpunkt meines Besuchs regiert die große Koalition in Kenia seit drei Monaten. Viele der hundert Minister haben bis vor Kurzem noch Hasstiraden gegen die jeweils anderen gehalten. Jetzt beschwören Opposition und Regierung, die neuerdings in einem Boot sitzen, die Rückkehr zur Einheit des Landes. Doch das, glaubt der Tansanier Rwegarulira, wird nicht klappen. »Die Wurzeln des Hasses zwischen den Ethnien hier gehen viel tiefer als der politische Konflikt, da spielt vor allem der Kampf um das knappe Land eine Rolle.« Die Mehrheitsethnie der Kalenjin erhebt Anspruch auf die fruchtbaren Felder, auf denen nach der Unabhängigkeit Kenias in den sechziger Jahren Kikuyu aus dem Hochland, Luhya aus dem Westen oder Luo vom Victoriasee angesiedelt wurden. Manche haben das Land von weißen Siedlern gekauft, andere bekamen es von Kenias erster Regierung geschenkt. Die schon seit Jahren angespannte Lage entlud sich in politisch aufgeheizten Pogromen, sagt Rwegarulira.

Die Opfer flohen in die wenigen Orte, die ihnen sicher erschienen; Orte wie das Kloster von Kipkelion. »Es war am hellichten Tag, die Leute kamen aus allen Richtungen angerannt und sind auf unseren Hof zugeströmt«, erinnert sich der ergraute Zisterzienser. »Sie sind aus ihren Häusern getrieben worden, von jugendlichen Kalenjin, die mit Macheten bewaffnet waren. Dann wurden die Häuser angezündet, die meisten konnten nichts retten außer ihrem Leben.« Am Ende des Tages waren es siebenhundert Vertriebene, die die Mönche notdürftig im Stall, im Lagerraum und in der Abtei unterbrachten. Kipkelion liegt auf mehr als zweitausend Metern Höhe, nachts ist es trotz der Nähe zum Äquator empfindlich kalt. Flackernde Lichtkegel in der wolkenverhangenen Nacht

zeigten den Mönchen an, wo die Milizen ihre La-
gerfeuer angezündet hatten: Das Klostergelände
war umstellt. »Wir haben die Polizei angerufen,
und Hilfsorganisationen, um die Flüchtlinge irgendwie versorgen zu können.« Das Kloster von
Kipkelion ist gebaut wie eine Festung: Die anrü-
ckenden Polizisten konnten das Gebäude deshalb
leicht verteidigen. Doch aus dem gleichen Grund
brauchten Hilfsorganisationen mehrere Tage, bis
sie sich durch den Belagerungsring ins Kloster
durchschlagen konnten, um Decken und Lebensmittel zu bringen. Und die Versorgung war nicht
das einzige Problem. »Eine Woche, nachdem die
Vertriebenen hier angekommen waren, erhielten
wir Nachricht von einem befreundeten Kalenjin.«
Rwegaruliras Stimme zittert, wenn er von der dar-
auffolgenden Nacht erzählt. »Wie in der Nachricht
vorhergesagt, zündeten die Milizen ein Haus in
unserer Nachbarschaft an, die Flammen schlugen
hell in den Himmel.« Der Brandanschlag sollte ein
Ablenkungsmanöver sein. Nur weil sie gewarnt
worden waren, blieben die Polizisten im Kloster,
sonst wären sie ausgerückt. So aber schlugen sie
mit ihren Maschinengewehren Hunderte zurück,
die kurze Zeit später aus drei Richtungen auf die
Abtei zustürmten. »Hätten wir nichts gewusst,
wir wären am nächsten Morgen alle tot gewesen«,
keucht der Abt.

Die steinerne Abtei, in der die Luft noch ein
paar Grad kälter ist als draußen, steht inzwischen
wieder leer. Die Sonne scheint durch die mit Mari-
enbildern verzierten Fenster aus Buntglas auf den
steinernen Boden, auf dem sich noch vor Kurzem
jeden Abend Hunderte Körper zusammenroll-

ten. »Vor zwei Wochen hat die Polizei die letzten Flüchtlinge abgeholt, seitdem können wir hier auch nachts wieder beten.« Die Vigil, das erste Stundengebet des strikten Ordens, findet um drei Uhr früh statt. Um den Flüchtlingen ein wenig Ruhe zu lassen, fiel es seit Januar aus. »Wir haben irgendwann Zelte bekommen, aber das wäre noch ungemütlicher gewesen für die Familien, in der Kirche ist es außerdem wärmer«, erklärt Rwegarulira verlegen. Die Zisterzienser sind ein nach innen gekehrter Orden, die Mönche brechen ihr Schweigegelübde in der Regel nur einmal in der Woche, sonst herrscht Stille. Anders als andere Mönche missionieren sie nicht und pflegen auch sonst kaum Kontakt zur Außenwelt. Dass sie für die Vertriebenen von Kipkelion ihren Gebetskalender umgestellt haben, kommt in den dicken Mauern der Abtei einer kleinen Revolution gleich.

Wer vor zwei Wochen noch in der Abtei lag, lebt jetzt doch in den Zelten, die das Rote Kreuz ins Kloster brachte. Der Weg ins Lager von Murao führt über steinige Feldwege, eine halbe Stunde entlang brachliegender Maisfelder, auf denen noch die Überreste der letzten Ernte stehen. Wer will, kann in den Feldern lesen: Wo Tee und Mais in den vom Starkregen genährten Feldern stolz in die Höhe ragen, leben Kalenjin. Wo in diesem Jahr die Ernte ausfällt, lebt der Rest. »Meine Farm ist dort drüben, ein Hektar Land und ein einfaches Farmhaus, aber es ist alles niedergebrannt und ich traue mich nicht zurück«, klagt Jackson Ogero, ein sechzigjähriger Vater von acht Kindern. Mit seiner Frau, zwei Kindern und drei Enkeln teilt er sich stattdessen eine Art Doppelzelthälfte aus durchscheinendem, weißen Plastik, in dem sich der Wind fängt. In der anderen Hälfte, nur durch eine Plastikplane abgetrennt, leben seine erwachsenen Kinder samt Familie. Insgesamt sind zweihundert Menschen in Murao, diejenigen, die keinen anderen Ausweg hatten, sagt Ogero: »Meine Kinder sind hier geboren und meine Enkel auch, ich habe keine andere Heimat, in die ich zurückkehren könnte.« Die anderen fünfhundert aus dem Kloster von Kipkelion sind in »das Land ihrer Ahnen« zurückgekehrt, wie es verbrämt heißt: in die Regionen, wo ihre Ethnie die Mehrheit stellt. Ogero ist niedergeschlagen. »Wir sitzen von morgens bis abends hier rum und können nichts tun. Rund um uns herum sind Felder, die wir bestellen könnten, aber wir haben keine Geräte und kein Saatgut und wissen nicht, ob wir überhaupt bleiben können.« Von der Regierung, sagt Ogero, hat sich im vergangenen halben Jahr noch niemand gezeigt, nur der örtliche Landrat habe einmal vorbeigeschaut und sei dann schnell wieder gegangen. »Dabei haben die uns doch Hilfe beim Wiederaufbau versprochen, aber wir haben nichts bekommen.«

Wiederaufbau ist ein Wort aus dem fernen Nairobi, ebenso wie Versöhnung. In Molo, Mau Summit und all den anderen Dörfern entlang des ostafrikanischen Highways, der Kenias Küste mit Uganda verbindet, liegen die meisten Hotels und Geschäfte noch immer in Schutt und Asche. Die Inhaber, die meisten von ihnen Kikuyu, trauen sich nicht zurück. Niemand weiß, ob sie jemals wiederkommen werden. Solange ragen Betongerippe auf beiden Seiten der Straße auf. Wenn es nach Joel Korir geht, sollen die Vertriebenen bleiben, wo sie sind. »Ein Schweizer kann in Europa doch auch nicht einfach nach England ziehen und dort Land beanspruchen, und so ist es hier auch.« Mit abschätzigem Blick sieht der Kalenjinfarmer auf das Zeltlager von Murao, das nicht weit von seinen Feldern entfernt aufgebaut ist. »Man kann nicht mit denen zusammenleben, die dir dein Eigentum nehmen. Es ist gut, wenn sie gehen.«

An Versöhnung glaubt auch Pater Stefano Rwegarulira nicht. »Die Kalenjin sehen uns immer noch als ihre Feinde, viele wollen das Land haben, auf dem unser Kloster steht«, sagt er ruhig, während er in Leder gebundene Bibeln in eine Metallkiste packt. Die Bibliothek des Ordens ist schon halb leer geräumt, in wenigen Tagen kommen die Lastwagen. Nach fünfzig Jahren in Kipkelion zieht der Orden nach Uganda. »Erst kommen wir als Flüchtlinge bei der katholischen Kirche unter, dann suchen wir einen Standort für ein neues Kloster.« Rwegarulira sorgt es, dass die Menschen in Kipkelion bei einem neuen Pogrom keinen Zufluchtsort mehr haben. Doch sein Urteil steht fest. »Eine Chance auf Frieden gibt es hier nicht. Und man kann nicht in Ruhe beten, wenn man ständig darauf achten muss, ob man nicht von hinten erstochen wird.«

Zwei Ziegel vor, drei Ziegel zurück

*Der Deutsche Martin Grütters muss im Südsudan
einen Rückschlag nach dem anderen einstecken –
und gibt doch nicht auf*

Wie er so braun gebrannt mit löchrigem T-Shirt
und kurzer Hose vor seinem selbst gebauten Haus
steht, sieht er ein bisschen aus wie Robinson Cru-
soe, gestrandet an einem Ort, wo die Alltagsge-
setze seiner alten Heimat keine Gültigkeit haben.
Doch nach drei Jahren hat sich Martin Grütters an
vieles gewöhnt, was im südsudanesischen Rumbek so anders ist. Zumindest nimmt er es hin. »Seit
ein paar Tagen versuche ich, meine Bauarbeiter
zu erreichen, aber wenn jemand ans Telefon geht,
dann sagt er ganz schnell ›Okay, bye‹.« »Okay,
bye«, das heißt in Rumbek so viel wie: Vergiss es.
Und das ist eine schlechte Nachricht für den Architekten, der versucht, auf zwei Baustellen so viele Fortschritte wie möglich zu erzielen, bevor die
Regenzeit hereinbricht und alle Arbeit endgültig
ruht. Doch selbst jetzt, in den letzten trockenen Tagen, geht es nur langsam voran. »Was die Handwerker dir hier als Arbeitszeit in Wochen voraus-
sagen, nimmst du lieber gleich in Monaten.«

Vor fünf Jahren war Rumbek noch kaum mehr
als eine Garnison: Die Südsudanesische Volksbe-
freiungsarmee hatte hier ihre wichtigste Basis im
mehr als zwanzigjährigen Krieg gegen sudanesi-
sche Truppen aus dem Norden. Die Bombenkra-
ter, die Luftangriffe hinterlassen haben, zerfurchen

noch heute die unbefestigten Straßen. Wenn der Regen kommt, verwandelt sich Rumbek in eine schlammige Seenlandschaft. Drei Jahre, nachdem die Anführer der afrikanisch-christlichen Ethnien im Süden Frieden mit der Regierung im islamisch-arabisch geprägten Norden geschlossen haben, ist von Entwicklung kaum etwas zu sehen – trotz Millionenhilfen aus Europa und den USA und den sudanesischen Ölvorkommen, von deren Ausbeutung die autonome Regierung des Südsudan profitiert. Rumbek ist seit dem Frieden gewachsen, mehr als zweihunderttausend Bewohner hat die Stadt heute. Doch die Infrastruktur ist dieselbe, die während des Kriegs notdürftig ein paar Tausend Soldaten versorgt hat. Statt Häusern stehen Tukuls über die Stadt verteilt, die traditionellen Rundhütten aus Stroh, in denen das Leben in einem einzigen Raum stattfindet. Latrinen sind oft einen Kilometer oder mehr entfernt.

Warum Martin Grütters Anfang 2005 sein einträgliches Büro in Berlin gegen ein Leben in dieser Halbwüste getauscht hat, wo es keinen Strom, keine Wasserleitungen und auch sonst sehr wenig gibt, kann er selbst nur schwer erklären. »Kein Gehalt zu beziehen vermittelt mir ein besseres Lebensgefühl«, setzt er an, und erinnert sich an seine Zeit als selbständiger Architekt in Berlin. »Beim Rechnungschreiben hatte ich immer ein schlechtes Gewissen, am besten ging es mir, wenn ich einen Tag pro Woche in einem Jugendzentrum der Caritas gearbeitet habe.« Ohne Bezahlung, versteht sich. Nicht einmal Fahrgeld durfte die Caritas erstatten. »Ich bin sowieso meist mit dem Fahrrad gefahren.« Von Tempelhof nach Lichtenberg und zurück, das ist einmal quer durch die Stadt. Fahrradfahren ist die vielleicht größte Leidenschaft des Fünfundvierzigjährigen. Auch in Rumbek fährt er auf einem Mountainbike zu seinen Baustellen, während die meisten Entwicklungshelfer in ihren weißen Landrovern über die Pisten rasen.

Als Grütters an diesem Morgen sein Fahrrad an der Schule Mabor Ngap parkt, erlebt er eine Überraschung: Es wird gearbeitet. Fünf Zimmerleute sind dabei, eine Mauer zu ziehen. Grütters grüßt, läuft durch den Rohbau, gestikuliert, zeigt auf die Stricke, die den Verlauf der künftigen Wände abstecken und als Lot fungieren sollen. »Wenn man hier eine Mauer zieht, muss man schon mal mit zehn Zentimetern mehr oder weniger rechnen«, kommentiert er später den Baufortschritt. Aber vor allem scheint er glücklich, dass es weitergeht. Dass mehr als zwei Jahre nach Grundsteinlegung überhaupt schon Klassenräume stehen, in denen unterrichtet wird, scheint unglaublich, wenn man die Geschichte des Baus hört. »Ich hatte diesen Baustellenleiter, der war auf einmal zwei Monate lang verschwunden«, erinnert sich Grütters. »Später stellte sich heraus, er hatte einen Verkehrsunfall in der Nachbarstadt gehabt und saß zwei Monate im Gefängnis. Niemand, nicht einmal die Familie, wusste davon.« Mit dem Nachfolger hatte Grütters noch mehr Scherereien. »Der hat die Frau seines Onkels verführt, und der wartete danach zwei Wochen lang mit der Kalaschnikow im Anschlag vor der Hütte des Kontraktors.« Blutrache ist im Südsudan nichts Ungewöhnliches. »Eines Nachts kam der Arme zu mir und hat mich um zweihundert Dollar angebettelt für ein Flugticket, damit er dem Onkel entfliehen kann.« Aber Martin Grütters traute sich nicht. »Dann wäre ich womöglich selbst zum Ziel der Blutrache geworden.« Schließlich einigte man sich gütlich: Sieben seiner besten Kühe musste der Verführer seinem Onkel überlassen. Bis diese Abmachung getroffen war, lag die Baustelle wochenlang brach.

In solchen Fällen oder wenn die Bauarbeiter mal wieder nicht da sind, arbeitet Grütters einfach alleine weiter. Eines Nachmittags, der Architekt balancierte schwere Dachträger auf den Dachstuhl eines neuen Schulgebäudes und hämmerte sie fest, wurde es selbst dem in seiner Ruhe fast schon stoischen Westfalen zu viel. »Die Lehrer saßen unterm Baum und haben zugeguckt, nicht mal den Hammer hat mir jemand gereicht.« Er stieg vom Dach herunter und konfrontierte die Lehrerschar, allesamt junge, kräftige Männer: »Kann mir hier vielleicht mal jemand helfen?« Gelacht hat niemand, aber erstaunte Blicke konnten die Lehrer nicht verbergen. »Aber Martin«, sagte schließlich einer, »du weißt doch: Man soll ohne Bezahlung nicht arbeiten.« Dabei hätten die Lehrer, die vom Staat bezahlt werden, ohne Martin Grütters' Engagement keinen Job: Statt hundertzwanzig Schüler wie vor drei Jahren hat Mabor Ngap heute zehnmal so viele, und entsprechend mehr Lehrer. Doch das feste Einkommen und der Stolz darüber, an der beliebtesten Schule der Stadt zu arbeiten, reichen nicht aus, um sich aus dem Schatten zu erheben. »Aber ich arbeite doch auch umsonst«, ruft Grütters in seiner Verzweiflung. Die Verwunderung der Lehrer ist ehrlich: »Aber wenn du das nicht willst, geh doch einfach wieder nach Hause

zurück.« Den Nachmittag verbrachte Martin Grütters weiter hämmernd auf dem Dach – allein.

»So was wie Dankbarkeit erfahre ich hier nicht«,
bilanziert er. Auch nicht von den Eltern, die im
Bürgerkrieg groß geworden sind und Schule eigentlich für Zeitverschwendung halten. Darüber, dass er es geschafft hat, dass heute ein gutes
Fünftel der Schüler in Mabor Ngap Mädchen sind,
kann Martin Grütters sich nur im Privaten freu-
en. Manchmal fallen ihm die potenziellen Partner
sogar in den Rücken: Weil sieben Klassen derzeit
noch unter Palmen lernen müssen – in der Regenzeit fällt der Unterricht dann stundenlang aus –,
wollte der Deutsche seine Spendengelder in den
Bau neuer Klassenräume investieren. Doch die
Schulbehörde stellte sich quer und forderte stattdessen einen Aufenthaltsraum für den Lehrkörper.
Zähneknirschend gab Martin Grütters schließlich
nach – und stoppte den Bau, als ihm dreißig Sack
Zement im Wert von mehr als sechshundert Euro
von der Baustelle gestohlen wurden. Es dauerte
Wochen, bis die Schulbehörde überredet war, den
Schaden zu übernehmen – und noch einmal ein
paar mehr, um einen Laster aufzutreiben, der die
Säcke vom nicht weit entfernten Lagerhaus zum
Schulgelände bringen konnte. Lehrer oder Eltern
halfen auch diesmal nicht. »Die haben gesagt: Was
geht uns dein Zement an?«, erzählt Martin Grütters ruhig. Aufzuregen scheint ihn das nicht.

Martin Grütters ist ein Selfmade-Entwick-
lungshelfer, eine Ein-Mann-NGO ohne bürokra-
tischen Überbau – also eigentlich das, was sich
Spender immer wünschen. Sein Geld schafft der
Aktivist bei seinen jährlichen Deutschlandauf-

enthalten selbst heran, wenn er durch die Lande tourt und die gemachten Fortschritte präsentiert. Auch durch Mund-zu-Mund-Propaganda ist seine Spenderbasis in Deutschland in den vergangenen Jahren stetig gewachsen. Dass er sich an den Dinka, der Mehrheitsethnie in Rumbek, oft die Zähne ausbeißt, ist nichts Ungewöhnliches. Egal mit welchem Mitarbeiter einer Hilfsorganisation man spricht: Die Dinka, was in der eigenen Sprache »Herren der Menschheit« bedeutet, lassen vor allem arbeiten. »Die UN haben ihre Food-for-Work-Programme in Rumbek aufgegeben, weil ohne Geld niemand bereit war, etwas zu tun«, weiß Grütters. Die Engelsgeduld, die er bei seinen Projekten an den Tag legt, ist in dieser Gegend Afrikas die vielleicht wichtigste Voraussetzung, um irgendwann ans Ziel zu kommen.

Weiter entfernt von seinem Lehrmeister Aldo Rossi, dem Mailänder Architekten, der die Form eines Gebäudes wichtiger als dessen Funktion fand, könnte Martin Grütters kaum sein als hier in Rumbek, wo er sich Stunden vor seiner Abreise zum Jahresurlaub nach Deutschland noch um Grundlegendes wie die Höhe der Wände für das Lehrerzimmer kümmern muss. Als er ins Flugzeug steigt ist klar, dass er in ein paar Wochen auf unfertige Baustellen zurückkehren wird. Aber zurückkehren wird er, das ist sicher. »Ich schmeiße die Flinte nicht ins Korn, das bin einfach nicht ich.« Und zitiert schließlich doch Aldo Rossi. »Einfachheit ist gut, hat er immer gesagt. Und das ist auch meine Lebensphilosophie.« In Rumbek kann man damit weit kommen.

Somalias letzte Umweltschützer

Während um sie herum gekämpft wird, versuchen zwölf Männer, das Land vor Giftmüll und Nuklearabfällen zu schützen

Die Sonne sticht vom wolkenlosen Himmel in die Dünen, wo sich Osman Abdi in einen grellorangen Plastikanzug zwängt. Schatten gibt es nicht am Strand von Warsheikh, fünfzig Kilometer nördlich von Somalias Hauptstadt Mogadischu. Bei mindestens vierzig Grad Celsius legen sich die angemieteten Milizen mit ihren Maschinengewehren unter den einzigen Lastwagen, um etwas Schutz vor der Sonne zu bekommen, und dämmern vor sich hin. Doch der ehemalige Verwaltungsangestellte Osman Abdi verzieht keine Miene, als er trotz der Hitze in hohe Gummistiefel steigt. Danach zieht der Fünfzigjährige Kunststoffhandschuhe über und befestigt sie mit schwerem Klebeband am Anzug. Über den Kopf zieht er eine schwere Gesichtsmaske, dann geht es los. Mit schweren Schritten stapft der jetzt luftdicht eingepackte Somalier mehrere Hundert Meter durch den Sand zu seinem Ziel: einem durchgerosteten Fass, in dem alles stecken könnte. Gift, Industriemüll oder Nuklearabfall. Keiner weiß das so genau.

Andreas Bernstorff beobachtet aus der Entfernung jede von Abdis Bewegungen. Drei Wochen lang ist der Heidelberger hier, um insgesamt zwölf Somaliern einen Crashkurs in Sachen Giftmüllbeseitigung zu geben: ehemaligen Polizisten, Offizieren, Beamten, einem Banker, einem Fischer und einem Luftwaffenpiloten. Sie sind die letzten Umweltschützer Somalias.

Seit der Diktator Siad Barre 1991 aus Somalia geflohen ist, haben rivalisierende Clanmilizen das Land am Horn von Afrika beherrscht. Dann vertrieben Islamisten die unbeliebten Warlords, skrupellose Geschäftsleute mit ihren Privatarmeen, und übernahmen kurzzeitig die Kontrolle, bis Ende 2006 äthiopische Truppen einmarschierten. Mit ihrer Hilfe ist eine somalische Übergangsregierung im Amt, die praktisch machtlos ist. Bis heute gibt es keine Polizei, kein Heer, keine Ministerien, keine Banken und keine Luftwaffe mehr in Somalia. Auch keine Umweltschützer. Es gibt niemanden, der sich für die Not der Fischer interessiert, die nach dem Tsunami im Dezember 2004 Fässer mit undefinierbarem Inhalt an den Küstenstränden fanden. In Benadir, nicht weit von Mogadischu entfernt, und im fünfhundert Kilometer nördlich gelegenen Hobyo klagten Hunderte Bewohner über Hautkrankheiten, Atemwegsbeschwerden und schwere Blutungen im Mund- und Unterleibsbereich. Fotos wurden herumgereicht. Doch niemand half, bis Abdi seine Freunde und Bekannten zusammentrommelte.

Ihr Lehrer Andreas Bernstorff beschäftigt sich seit den achtziger Jahren mit der Beseitigung von Giftmüll. Für Greenpeace hat er die Basler Konvention mitverhandelt, die den illegalen Export von Giftmüll verbietet. Er hat in Nepal und in Südamerika nach illegalen Giftmülllagern gesucht. Aber so etwas wie Somalia hat er noch nicht erlebt. »Hier gibt es nichts, wir mussten alles einschiffen, Anzüge, Masken, selbst die Gummistiefel.« Die Ausrüstung der somalischen Eingreiftruppe soll europäisches Niveau haben, von »Dritte-Welt-Standards« will Bernstorff nichts wissen. Anfangs war er damit beschäftigt, Erste Hilfe und andere Grundlagen zu vermitteln. Die Truppe war engagiert, aber unwissend. Einmal fuhr Bernstorff raus zu einer Fundstelle, um selber einen angeschwemmten Behälter zu untersuchen. Das Fass war aus alten Industrieteilen zusammengeschweißt, damit die Herkunft nicht identifiziert werden kann. Es ist das Fass, an dem Osman Abdi, heftig schwitzend in seinem orangenen Anzug, gerade arbeitet.

»Wir haben mit der Truppe erst einmal besprochen, was sie hier überhaupt tun kann«, sagt Bernstorff. Die verdächtigen Fässer bergen? »Ohne Kran? Ausgeschlossen. Und Kräne gibt es hier nicht.« Den Giftmüll abpumpen? »Dafür fehlen die Pumpen, und wohin sollte das Gift auch entsorgt werden?« Bleibt eine erste Untersuchung, die Abdichtung etwaiger Lecks – und die Vorbereitung auf eine Zwischenlagerung, bis bessere Zeiten kommen. Dafür mischt Osman Abdi in der glühenden Hitze Epoxidharz und Härter zusammen. Mit dem bläulichen Gemisch bestreicht er Fiberglasmatten, die er dann mit einem Kollegen auf das Fass drückt. Jedes Leck wird auf diese Weise rostsicher abgedichtet. Die Methode ist made in Somalia. Die Idee hatte einer aus der Gruppe, als sich alle sonst üblichen Verfahren als technisch undurchführbar erwiesen.

In einem Land, in dem Kriegsherren ihre Areale mit schweren Waffen sichern und fast täglich Menschen erschossen werden, erscheint Umweltschutz ein fast abwegiges Anliegen. »Aber mit Umweltschutz kann man hier das Leben der Menschen entscheidend verbessern«, glaubt Abdi. Unterstützt in seinem Glauben wird er von einer somalischen Selbsthilfegruppe namens Daryeel Bulsho Guud. Das ist somalisch und heißt »Hilfe für alle«. Nach dem Tsunami vor zwei Jahren hatte die Organisation den betroffenen Fischern neue Boote gebracht. Mit Pumpen holten sie Süßwasser aus der Tiefe, weil die alten Brunnen durch die Riesenwelle versalzen waren. Im Norden, zwischen zerstörten Hütten, zerschellten Booten und Treibgut, sahen die Helfer zum ersten Mal die verrosteten Fässer und unidentifizierbare Container. Manche Fischer, die die Behälter aufgebrochen hatten, waren mit eitrigen Geschwüren übersät, andere erblindet. »Die Fischer merkten schnell, dass es sich um irgendetwas Giftiges handelt, das wohl von der Wucht der Welle aus illegalen Deponien an die Küste gespült wurde«, sagt Bernstorff. Deponien, die wahrscheinlich in Absprache mit Warlords an der Küste eingerichtet worden waren.

Die damals noch im Exil sitzende somalische Übergangsregierung wandte sich wenige Tage nach dem Tsunami an die UN-Umweltbehörde UNEP in Nairobi. Deren Experten werteten Fotos und Luftbilder aus und führten zahlreiche Interviews. Das offizielle Ergebnis bestätigte den Verdacht der Fischer: An den Stränden Somalias sind mit dem Tsunami Industriemüll, chemische Substanzen, Schwermetalle und auch radioaktive Stoffe gelandet. Mit großer Sicherheit stammen die hochgiftigen Abfälle aus Europa, exportiert über italienische und schweizerische Scheinfirmen zu sagenhaft billigen Preisen. Von einer »Mafia«

sprach einmal der einstige UNEP-Direktor Mustafa Tolba, ein Mann, der seine Worte normalerweise mit Bedacht wählt. Eine italienische Fernsehjournalistin, die der Geschichte nachgehen wollte, wurde in Somalia gemeinsam mit ihrem Kameramann ermordet. Danach kam niemand mehr, um der Sache auf den Grund zu gehen.

»Wir kümmern uns um das Gift und nicht um die Hintergründe«, betonen da kaum überraschend die somalischen Umweltschützer um Osman Abdi. Auf der Suche nach illegalen Lagerstätten muss sich das Team der Unterstützung aller Clans im Lande sicher sein. Das aber geht nur, wenn kein Clanführer Angst haben muss, ins Fadenkreuz einer Untersuchung zu geraten. Bernstorff zuckt mit den Schultern: »Die meisten Fälle sind vermutlich ohnehin verjährt oder stammen aus einer Zeit, wo die Basler Konvention noch gar nicht gegolten hat.« Pragmatische Lösungen sind in Somalia nun einmal Trumpf.

Nach dreißig Minuten ist Schichtwechsel. Wankend kehrt Osman Abdi zurück zu den anderen, die ihn auf halber Strecke in Empfang nehmen. Mit Spülmittel und Wasser waschen sie den Schutzanzug ab. Niemand weiß, was für Gifte daran kleben könnten. Erst nach der zeitaufwendigen Prozedur, die Minuten dehnen sich, kann der Anzug runter. Endlich Luft. Abdis Schweiß läuft in Strömen, der Atem geht schwer. »Sieht doch ganz gut aus, das Fass«, keucht Abdi zwischen drei Atemzügen. Er sieht aus, als erholte er sich gerade von einem hohen Fieber, aber zugleich auch eigentümlich glücklich. Er hat zwei Frauen, zehn Kinder. Machen die sich keine Sorgen, wenn er mit Giftmüllfässern hantiert? »Ich denke schon, dass sie das tun würden, deswegen erzähle ich ihnen nichts.«

Abdis Grinsen kommt etwas gezwungen. Wenige Wochen, bevor ich Abdi in Somalia treffe, wurde ein Kollege von ihm an einer Straßensperre erschossen, einfach so. »Die waren misstrauisch, und dann hat einer den Abzug gedrückt.« Der Tote hätte der dreizehnte Mann der Truppe sein sollen. Um überhaupt halbwegs sicher arbeiten zu können, telefoniert die Gruppe vor jedem Einsatz stundenlang mit Führern von Clans und Subclans und holt Genehmigungen ein. Die im Untergrund operierenden Islamisten und neue offizielle Stellen werden um ihre Zustimmung gebeten. Doch die Milizen an der Straßensperre waren niemandem unterstellt, irgendwas ging schief. In Somalia ist das keine Seltenheit.

Dazu kommt die Logistik. Allein für einen Tagestrip braucht Abdis Gruppe vier Autos: für Einsatzkräfte und Milizen, Diplomaten und Köche, Ausrüstung und Lebensmittel. Für eine einwöchige Tour kommt ein weiterer Pick-up nur für Trinkwasser dazu, das man von Mogadischu aus mitnehmen muss. Weil es keine Straßen gibt und sich die Kolonne durch Wüste und Dünen quält, geht die Mission nur langsam voran. Fünfzehn Fässer hat die Einsatzgruppe in den vergangenen acht Monaten entlang eines tausendfünfhundert Kilometer langen Küstenstreifens entdeckt und katalogisiert. Die ersten sind abgedichtet. Andere Container aber liegen in Gegenden, in denen so heftig gekämpft wird, dass die Sicherung auf unbestimmte Zeit verschoben wurde. Doch aufgeben will keiner. »Wir fahren los, sobald wir von irgendwo hören, dass die Straßen sicher sind«, so Abdi. Die Kisten mit der Ausrüstung stehen immer gepackt im Hof.

Ein Rosenkranz gegen die Babyflut

*In Ruanda versucht eine erfindungsreiche
Geburtenplanerin, der Überbevölkerung auf ihre
Weise Herr zu werden*

Vor dem Büro von John Ruzibuka verpackt ein
Wachmann Kondome in grellorange Pappschach-
teln. Beherzt greift er in den folienverschweißten
Berg vor sich auf dem Tisch, eins, zwei, drei, wieder ein Paket fertig, das der UN-Bevölkerungsfonds
(UNFPA) in den kommenden Tagen irgendwo in
Ruanda verteilen wird. »Die Bevölkerung nimmt
explosionsartig zu«, sagt Ruzibuka, der UNFPA-
Landeskoordinator in Ruandas Hauptstadt Kigali.
»Jede Ruanderin bekommt im Schnitt sechs Kinder.« Seit den fünfziger Jahren hat sich die Bevöl-
kerung in dem zentralafrikanischen Staat von der
Größe Belgiens auf fast neun Millionen vervierfacht. Schon heute ist kein Land in Afrika so dicht
besiedelt wie Ruanda, dreihundertdreiundvierzig
Ruander – die meisten davon Subsistenzfarmer –
teilen sich rechnerisch einen Quadratkilometer.
Nach Ende des Völkermords im Frühjahr 1994 ist
die Geburtenrate noch einmal drastisch gestiegen.
Wenn sich nichts ändert, wird Ruanda bis 2030 seine Bevölkerung erneut verdoppeln. Dann wäre
Land noch knapper als heute schon. »Wir geben
den Leuten die Mittel, um ihre Geburten zu kontrollieren«, seufzt Ruzibuka. »Aber wir können
niemanden zwingen, weniger Kinder zu haben.«

Das sehen nicht alle so. Earnest Rwamucyo,

der den Planungsstab im ruandischen Ministerium für Wirtschaft und Finanzen leitet, propagiert eine »Drei-Kind-Politik«, angelehnt an die »Ein-Kind-Politik«, mit der China seit 1979 sein enormes Bevölkerungswachstum effektiv begrenzt hat. »Wenn wir es schaffen, die Geburtenrate um die Hälfte zu senken, dann werden wir etwa die Armut doppelt so schnell bekämpfen können«, hofft Rwamucyo, der wie sein Präsident Paul Kagame einen neuen Genozid verhüten will. »Die alte Regierung hat Hass gesät mit der Behauptung, unser Land sei zu klein für alle, und wir haben immer versichert, das Land ist groß genug für jedermann – aber das kann nicht alle Ungeborenen mit einschließen.«

Die Regierung Kagame hat ehrgeizige Ziele für Ruanda, wo mehr als die Hälfte der Bevölkerung unter der Armutsgrenze lebt. Bis 2020 soll Ruanda vom Entwicklungs- zum Schwellenland transformiert sein, mit einem jährlichen Pro-Kopf-Einkommen von neunhundert US-Dollar. Dafür soll das Agrarland Ruanda eine Dienstleistungsnation werden. Mit einem modernen satellitenbasierten Telefonnetz will die Regierung Callcenter für Unternehmen überall auf der Welt nach Kigali holen. Dabei hilft, dass Englisch offizielle Zweitsprache ist. »Diese Ziele können wir nicht erreichen, wenn wir mehr Kinder ausbilden und mehr Menschen medizinisch versorgen müssen, als wir uns leisten können«, so Rwamucyo. Deshalb will Ruanda als erster afrikanischer Staat aktiv die Geburtenzahl begrenzen.

Doch was aus Technokratenmund so logisch klingt, trifft vor allem Ruanderinnen mitten ins

Herz. Geburtenplanung ist ein schwieriges Thema in einem Land, wo viele Opfer auch fünfzehn Jahre nach dem Genozid noch nicht begraben sind. Zwischen achthunderttausend und einer Million ethnische Tutsi und moderate Hutu wurden 1994 in nur hundert Tagen brutal ermordet, unter ihnen Zehntausende Babys und Kinder. Vor allem auf dem Land haben viele bis heute das Gefühl, ihre Familien wieder zu alter Größe bringen zu müssen. »Meine Mutter hatte zwölf Kinder«, sagt etwa die Marktverkäuferin Maria Munyazaki. »Nach dem Völkermord waren zehn meiner Geschwister tot. Was wäre gewesen, wenn meine Mutter nur drei Kinder gehabt hätte?« In den Gehöften nahe der Zuckerrohrplantagen, die die Hügel über Gisenyi am Kivusee bedecken, entscheiden bis heute vor allem zwei Dinge über Ansehen und Respekt: ein möglichst großes Feld – und viele Kinder. »Ich habe gerade meine dritte Tochter zur Welt gebracht«, erklärt die zweiundzwanzigjährige Yolande stolz. »Wenn die Regierung ihren Willen durchsetzt, dann werde ich keinen Sohn mehr haben.« Doch wenn nicht, dann kann sich Yolande gut vorstellen, es noch weiter zu probieren. »Ich habe so viele Freunde und Verwandte im Genozid verloren, dass ich nicht ganz einsehen kann, warum ich nicht mehr Kinder als nur drei haben soll.« Für Nziranza, eine Nachbarin, ist das Ganze einfach eine Frage des Glaubens. »Gott hat gesagt: Gehet hin und mehret Euch. Wie viele Kinder man bekommt, ist alleine Gottes Plan.«

Eine Freundin von Yolande hat nie eine Wahl gehabt. »Ich ziehe elf Kinder groß«, sagt Mama Rose, Mitte vierzig. »Nur zwei Söhne sind meine leiblichen – die anderen neun sind Waisen, Kinder von nahen und entfernten Verwandten, die irgendwo unterkommen mussten.« Selbst hätte sie sich nie so eine große Familie ausgesucht, glaubt sie. »Alles ist knapp, alles ist teuer, so viele Kinder kann man einfach nicht ordentlich versorgen.« Keines ihrer Kinder, gesteht Mama Rose, geht zur Schule – das Geld für Bücher, Transport oder Unterkunft kann sich die Farmerin einfach nicht leisten. So geht es vielen. Selbst in den Kirchen ist daher der Widerstand gegen die Drei-Kind-Politik der Regierung nicht so groß, wie man nach Nziranzas Ausbruch vermuten mag. Mehrere katholische Priester versichern (wenn auch im Schutz der Anonymität), sie würden zwar nicht für eine Drei-Kind-Politik eintreten – aber auch nicht dagegen predigen. Die einst so mächtige katholische Kirche, die wegen ihrer Rolle im Genozid massiv an Einfluss verloren hat, legt sich generell ungern mit der Regierung von Paul Kagame an. Anders ist das bei den seit Jahren wachsenden Pfingstkirchen, die die Bibel wörtlich nehmen und jede Art von Verhütung als Teufelswerk verdammen.

Eine der wenigen, die auch mit radikalen Christen über Familienplanung reden kann, ist Marie Mukabatsinda. Die füllige Mutter von zwei Kindern leitet ein Programm namens Awareness – Aufmerksamkeit. Ziel des Programms, das zu einem großen Teil vom US-Entwicklungsdienst USAID finanziert wird, ist die Verbreitung einer neuen Methode zur Familienplanung. Die Ausgangslage ist düster: Seit dem Genozid werden in Ruanda kaum noch Verhütungsmittel benutzt, belegen Zahlen des Gesundheitsministeriums. Demzufolge verhüten heute gerade einmal vier Prozent der ruandischen Frauen. »Anfang der Neunziger waren es noch mehr als dreizehn Prozent der Frauen, die eine moderne Verhütungsmethode benutzt haben, vor allem in den Städten.« Mukabatsinda glaubt, dass für den Rückgang nicht nur das Trauma des Genozids verantwortlich zu machen ist. »In Ruanda stehen außer Kondomen kaum Verhütungsmittel zur Verfügung, und Kondome sind – nun ja, viele Männer wollen sie nun mal einfach nicht.« Selbst die hohe Aids-Rate – die UN schätzen sie auf zehn Prozent, in den Ballungszentren deutlich höher – hat daran nichts geändert. Achtundzwanzig Prozent der Frauen zwischen fünfzehn und vierundzwanzig haben beim letzten Sex mit einem Gelegenheitspartner ein Kondom benutzt, so eine aktuelle UN-Umfrage.

In Kigali, wo die Pille in manchen Apotheken zu haben ist, hält der hohe Preis die potenziellen Käuferinnen ab. »Viele Frauen haben außerdem Angst, dass Pille, Spirale oder Hormonspritzen sie auf Dauer unfruchtbar machen – das Risiko wollen sie nicht eingehen.« Mukabatsindas Methode kommt da gerade recht: Eine Art Rosenkranz aus Plastik mit weißen, braunen und einer roten Kugel.

Um die rote Kugel ist ein kleiner Plastikring geschlungen. »Da starte ich, wenn meine Periode beginnt«, erklärt Mukabatsinda. Jeden Tag wird der Plastikring eine braune Kugel weitergeschoben, bis er die weißen Kugeln erreicht. »An den braunen Tagen ist die Frau nicht empfängnisbereit, an den weißen besteht die Gefahr einer ungewollten Schwangerschaft.« Für die weißen Tage empfiehlt Mukabatsinda deshalb Enthaltsamkeit – oder Kondome, je nach Lust und Glaube. Da mit dem Predigen von Enthaltsamkeit auch die konservativen Evangelikalen leben können, erreicht die »Zykluskette« Frauen, die sonst nie verhüten würden – oder dürften. Die Methode, entwickelt an der Washingtoner Georgetown-Universität, ist zudem effektiv. »Unsere Testreihen bestätigen eine Verlässlichkeit von fünfundneunzig Prozent«, weiß Solange Hakiba vom ruandischen Gesundheitsministerium. »Das entspricht dem Wirkungsgrad der Anti-Baby-Pille, wenn sie richtig benutzt wird.« Von den dreitausend Frauen, die in der ersten Versuchsphase bis Oktober 2005 die Zykluskette benutzt haben, hätten zudem neunzig Prozent zum ersten Mal verhütet. Seit 2006 werden die Ketten überall im Land angeboten, zusammen mit anderen Verhütungsmitteln. »Denn die Zykluskette funktioniert nicht bei allen Frauen«, erklärt Marie Mukabatsinda das mehrgleisige Vorgehen. »Die Regel muss konstant zwischen sechsundzwanzig und zweiunddreißig Tage lang sein.« Wo das der Fall ist, zeigt der Einsatz der Kette dafür positive Nebenwirkungen. »Frauen in Ruanda haben traditionell nicht zu widersprechen, wenn der Mann mit ihnen schlafen will«, berichtet Mukabatsinda listig. Doch jetzt, wo die Zykluskette deutlich sichtbar über der Schlafstatt baumelt, bestimme immer häufiger die Frau, ob oder ob nicht. »Selbst in einfachen Bauernfamilien hat das die Beziehung ganz oft grundlegend verändert.«

Nicht alle sind sich sicher, dass Geburtenbegrenzung alleine Ruanda den Weg in eine wirtschaftlich glänzende Zukunft ebnen wird. Alex

Musila etwa, der in Ruandas Nationaler Umweltbehörde zu nachhaltiger Stadtentwicklung arbeitet, ist skeptisch. »Belgien ist so groß wie Ruanda
und hat mehr als zehn Millionen Einwohner, aber
kein Mensch käme auf die Idee, Belgien als ein
überbevölkertes Land zu bezeichnen.« Der Geo-
graf hat ein anderes Rezept parat: Verstädterung.
»Wenn wir es hinbekommen, dass ein Großteil der
Bevölkerung vom Land in die Stadt zieht, dann
können wir den Flächenbedarf pro Person redu-
zieren. Genauso hat sich Europa zu einem prospe-
rierenden Kontinent entwickelt.« Dass wachsende Urbanisierung auch Probleme mit sich bringt,
weiß Musila aus eigener Erfahrung in Kigali. »Kigali wächst derzeit vollkommen unkontrolliert.«
In der Millionenstadt gibt es beispielsweise kein
Kanalsystem: Abwässer aus Haushalt und Indus-
trie werden ungeklärt in die Flüsse eingeleitet.
Deswegen genehmigt die Umweltbehörde derzeit
keine neuen Industriegebiete – ein Problem für die
Landflüchtlinge, die Arbeit in Fabriken suchen, die
es noch nicht gibt. Manchmal denkt Musila, man
sollte einfach noch mal von vorne anfangen. »Eine
neue Hauptstadt bauen, wo man von vornherein
alles richtig plant.« Aber dafür gibt es in Ruanda
schlicht keinen Platz – das Land ist zu dicht bevöl-
kert. »So gesehen ist eine Begrenzung der Geburten dann doch nicht falsch«, sinniert Musila.

Noch zirkuliert die Drei-Kind-Politik als Ent-
wurf im Parlament. Die Abgeordneten diskutieren
darüber, ob es empfindliche Strafen für die geben
soll, die zu viele Kinder bekommen – oder ob positive Anreize für die Drei-Kind-Familie ausreichen.
Doch in den Köpfen der meisten Ruander haben

nicht zuletzt staatliche Presse und Fernsehen die Obergrenze »drei Kinder« längst verankert. Selbst im afrikanischen Ausland wird die neue Politik schon als Erfolgsmodell für den Rest des Kontinents gefeiert. »Die abnormal hohe Geburtenrate ist Afrikas größtes Entwicklungshemmnis und führt dazu, dass es auf Dauer weniger Verdienende als Abhängige gibt«, bilanziert der ruandische Ökonom Kenneth Tayebwa. Überbevölkerung ist überall in Afrika ein heißes Thema: Die UN erwarten, dass sich die Zahl der Afrikaner bis 2050 auf 1,8 Milliarden verdoppeln wird.

Mein Freund, der Kindermörder

*Im Norden Ugandas bemühen sich
Ex-Kindersoldaten und ihre ehemaligen Opfer,
einander zu verstehen*

Die zwanzig Jugendlichen sitzen im Kreis unter dem großen Papayabaum, der mitten in Onyama steht, einem der vielen Vertriebenenlager am Stadtrand von Gulu im Norden Ugandas. Sie reden, manchmal lachen alle gemeinsam, doch meistens herrscht aufmerksame Stille. Die Mädchen und Jungen erzählen von der Vergangenheit, die sie alle so gezeichnet hat. Die einen leben seit ihrer Kindheit in Lagern, auf der Flucht vor den Kinderräubern der »Widerstandsarmee des Herrn«, die mehr als zwanzig Jahre lang gut vierzigtausend Mädchen und Jungen entführte – die meisten im Schutz der Nacht. Achtjährige Jungen wurden als Soldaten, Mädchen als Sexsklavinnen und Küchenhilfen missbraucht. Die anderen unter dem Papayabaum sind nach und nach aus dem Busch zurückgekehrt, seit der Anführer der Kinderarmee, der selbst ernannte Gottesprophet Joseph Kony, Friedensgespräche mit Ugandas Regierung aufnahm. Sie sind ehemalige Kindersoldaten. Sie sind diejenigen, vor denen die neuen Nachbarn in Onyama einst geflohen sind.

»Wenn Kony nachts beten ging, habe ich ihm seinen Betstuhl hinterhergetragen«, berichtet der einundzwanzigjährige Deogratius Okema. Er ist nach acht Jahren an der Seite Konys der Albtraumwelt entkommen, in der alle einer rigorosen Gehirnwäsche unterzogen wurden. Viele Kinder mussten nahe Verwandte umbringen, um sich selbst den Rückweg in die Gesellschaft abzuschneiden. Bei Deogratius war das nicht anders: Ein Kommando der Kinderarmee nahm damals ihn und zwölf andere Kinder mit, die sich gleich hinter einem Militärlager versteckt hielten. Von den Soldaten der Regierungsarmee war nichts zu sehen. »Wir sind sieben Tage zu Fuß bei praller Sonne in die Lager im Südsudan marschiert«, erinnert er sich. »Es gab kein Wasser und nichts zu essen – zwei machten schlapp, die wurden erschlagen und mit der Machete in Stücke gehauen.« Als er all das sah, war Deogratius gerade dreizehn Jahre alt. Vielleicht erklärt das, warum der immer noch kahl geschorene Exsoldat seinen Blick beim Reden unbeweglich starr nach vorne richtet und spricht wie ein Automat, der das Erlebte vergessen will, aber nicht kann.

Nur wenn Deogratius über Kony selber spricht, wird seine Stimme etwas weicher. »Kony will die Armut in Norduganda beenden, er betet Tag und Nacht für die Menschen hier und will niemandem etwas Böses.« Für die Gewalt, die Überfälle und all das Schlimme, das er selbst erlebt hat, macht Deogratius »die anderen« verantwortlich, die Konys Befehle missachteten. »Kony kann nichts dafür, er weint oft, weil seine Männer so ungehorsam sind.« Der Führer selbst, so behauptet Deogratius, habe ihm das Leben gerettet, als er nach dem Gewaltmarsch im Lager ankam. »Im Camp war ein Commander, der mich umbringen wollte. Aber Joseph Kony hat mich gerettet.« Okemas Stimme wird mit jedem Satz zuversichtlicher, selbstsicherer. »Kony hat an mich geglaubt, er hat mich mit nach Khartoum genommen, mich an der Waffe ausbilden lassen und schließlich zum Captain befördert.« Wegen seiner Treue habe Kony ihn schließlich als Leibwächter eingesetzt. »Da konnte mir niemand mehr etwas anhaben.« Schließlich, sagt Okema, habe Kony selbst ihm gesagt: »Geh nach Hause.« Da sei er aus dem Busch geflohen. Dann schweigt Deogratius. Die anderen Jugendlichen schweigen mit ihm.

Seit Anfang 2007 herrscht eine Ruhe in Norduganda, die noch keiner der Jugendlichen erlebt hat. Konys Rebellenarmee hat sich irgendwo im Osten Kongos verschanzt – wie viele der Entführten dort noch bei ihm unter Waffen stehen, ist ungewiss. Die Verhandlungen mit der Regierung laufen schleppend, aber die Überfälle in Norduganda haben aufgehört. Doch bewältigt ist die Vergangenheit noch lange nicht.

Der einundzwanzigjährige Okema hat nie eine Schule besucht, er hat keine Frau, keine Kinder und keinen festen Job. »Eigentlich sollte man erwarten, dass die Rückkehrer Kony hassen«, meint Lucy Apiyo, die Therapiesitzungen wie die unter dem Papayabaum leitet. »Aber das Gegenteil ist der Fall: Die Opfer halten sich mühsam ein Bild des strahlenden Führers aufrecht, damit ihnen ihr Leben nicht sinnlos erscheint.« Bei manchen bricht diese selbst gebaute Fassade irgendwann ein, und das kann tödlich enden. Die Selbstmordrate in den Flüchtlingscamps, in denen über Norduganda verstreut mehr als eine Million Menschen auf engstem Raum zusammengepfercht sind, steigt seit Jahren. Alle paar Wochen erhängt, erschießt oder ersticht sich jemand in Onyama. Meistens sind es Kinder oder Jugendliche.

Depressionen, sagt Apiyo, sind ein riesiges Problem in allen Camps. »Bisher haben Hilfsorganisationen so etwas als Luxusproblem empfunden, Hauptsache, keiner war unterernährt oder physisch krank.« Erst jetzt ändert sich das langsam, durch engagierte Therapeuten wie Apiyo. Die Mädchen und Jungen sprechen, malen, spielen und weinen zusammen, immer wieder. »Wir waren sehr skeptisch, ob das klappt«, sagt Lucy Apiyo, »schließlich bieten wir nur die Therapie an, kein Geld, kein Essen, nichts sonst.« Doch der Andrang ist trotzdem riesig.

Noch mehr als die Täter brauchen die Opfer Apiyos Hilfe. Nordugandas Lagergeneration kennt keine Perspektiven. James Opio, der in Onyama lebt, solange er sich erinnern kann, ist gerade einmal sechzehn. »Als ich acht war, ist mein Vater gestorben, ein paar Jahre später meine Mutter – auf einmal war ich allein mit meinen fünf jüngeren Geschwistern.« Im Dorf hätte sich wohl die Großfamilie um ihn gekümmert. Im Lager war James auf sich allein gestellt. »Ich habe versucht, Geld zu verdienen, aber es gab keine Jobs. Ich habe versucht, Lebensmittel oder andere Hilfe von den Organisationen zu bekommen, aber da waren so viele andere, dass ich kaum was abbekommen habe.« Irgendwann wusste er nicht mehr weiter. »Ich habe mich nutzlos und wertlos gefühlt und gedacht: Da kann ich mich auch gleich umbringen, dann ist der Druck wenigstens weg.« Dass er noch lebt, glaubt James, hat er einzig der Hilfe von Lucy Apiyo zu verdanken.

Die sechzehnjährige Jacqueline Akumo ist stolz, dass sie seit ihrer Therapie wieder arbeiten geht. Samstags klopft sie Steine im nahen Steinbruch, für umgerechnet einen Euro am Tag. Dort schwitzt sie, sie stöhnt vor Schmerz, und hinterher kann sie sich oft stundenlang nicht mehr bewegen. »Aber es gibt mir Kraft«, sagt sie, und lächelt dabei. Ihre Freundin, die gleichaltrige Jennifer Adoteh, hat den Mut gefunden, ihren zehn Monate alten Sohn Sunday alleine großzuziehen. »Das konnte ich mir vorher nicht vorstellen.« Kinderschwangerschaften sind normal im Flüchtlingslager, wo es kaum Zerstreuung gibt. Nur Alkohol gibt es in Massen: Wer kann, braut abenteuerliche Mixturen, denen nur gemeinsam ist, dass sie hochprozentig sind.

Schon am Morgen liegen Männer mit glasigen Augen in den engen Gassen zwischen den Hütten aus Lehm. Traditionell sollten sie die Felder bestellen, doch die gibt es nicht in Lagern wie Onyama. Die ersten Männer sind in sogenannte Satellitenlager gezogen, wo die Regierung Parzellen bereitstellt. Doch viele haben seit zwanzig Jahren keine Schaufel mehr in der Hand gehalten, und sie sind ohnehin skeptisch, ob sie die Ernte auf diesem Land tatsächlich noch einbringen werden oder ob nicht die Rebellen, die Regierungsarmee oder beide ihnen einfach alles wieder stehlen. So wie bei der grauhaarigen Sophia Ayena, die versucht hat, auf den Hof zurückzukehren, von dem sie vor zehn Jahren geflohen ist. »Ich musste mehrere Tage lang reisen, meist zu Fuß, weil so selten Autos vorbeikamen.« Als sie endlich ankam in der alten Heimat, waren da schon Leute auf ihrem Hof. Die fünffache Mutter spricht mit belegter

Stimme, sie kann selbst nicht ganz glauben, was sie erlebt hat. »Als ich gesagt habe, ich will mein Land zurück, haben sie mich nur ausgelacht und fortgeschickt.« Jetzt sitzt Sophia Ayena wieder im Lager und weiß nicht, was sie tun soll. Die Polizei hat ihr erklärt, dass sie nicht helfen kann. Angeblich steckt sie groß mit drin in den Geschäften mit dem fruchtbarsten Land, das Uganda hat. Helfen kann die Polizei auch nicht gegen die Viehdiebe, die über die Lager herfallen, seit sie Konys Kinderarmee nicht mehr fürchten müssen. Diejenigen, die bislang in Onyama noch Vieh gehalten haben, verkaufen es derzeit. Dass sie damit ihre letzte Hoffnung auf einen Neuanfang als Farmer aufgegeben haben, stört sie nicht. Hoffnung steht in Norduganda derzeit nicht sonderlich hoch im Kurs.

In tödlicher Mission

*Dass die Bekehrung zum Christentum in einigen
Teilen Afrikas lebensgefährlich ist, nehmen manche
Missionare gerne in Kauf*

Die Sonne steht hoch am blauen Himmel, und an
den anderen Tischen des Cafés in Nairobis Innenstadt haben sich nach der Schule Jugendliche versammelt, um sich über Tassen frisch gebrühter
Cappuccinos über angesagte Konzerte, nervige Eltern oder anstehende Eroberungen zu unterhalten.
Weltlicher könnte die Szenerie nicht sein, in der der
gelernte Werkzeugmacher Robert Mühlberg erzählt,
wie er den Ruf empfing, der sein Leben verändert
hat. »Ich empfinde es als Ruf von Gott, als Missionar in der moslemischen Welt zu arbeiten«, sagt der
dreifache Familienvater, der fünfzehn Jahre lang in
Khartoum gelebt und gewirkt hat. Mit dieser Einstel-
lung ist Mühlberg selbst unter Missionaren ein Exot.
Von den Tausenden, die in Afrika ihre gute Botschaft
verbreiten, wendet sich kaum jemand an Moslems.
Die Mission unter Moslems oder Anhängern anderer
monotheistischer Weltreligionen wie dem Judentum
ist umstritten, weiß Mühlberg. »Selbst einheimische
Christen im Sudan müssen ermutigt werden, aktiv
auf Moslems zuzugehen.«
Doch für Mühlberg und ein paar Hundert andere Missionare, die sich auf die Mission in islamischen Ländern eingelassen haben, führt kein Weg
an der Mission von Moslems vorbei. »Ich sehe das
als Gehorsam gegenüber dem Auftrag, den Jesus

seinen Jüngern hinterlassen hat«, erklärt Mühlberg. »Jesus selbst hat als Zeuge seines Glaubens in der jüdischen Gesellschaft gelebt, und so machen wir es in der moslemischen Gesellschaft auch.« Zeugnis Jesu zu sein, so nennen Missionare wie Mühlberg den Kern ihres Auftrags. Sie predigen nicht von der Kanzel, sie kommen mit Moslems ins Gespräch. Sie diskutieren über Religion im Allgemeinen und das Verhältnis von Islam und Christentum im Besonderen. Im Sudan, lächelt Mühlberg, sei das viel einfacher, als man denkt. »Gespräche über den Glauben sind was ganz Normales in einer tief religiösen Gesellschaft, das ist anders als etwa in Deutschland, wo Glauben als Gesprächsthema allenfalls toleriert wird.« Doch bei aller Offenheit ist Mühlberg unbeirrt in seinem Auftrag: »Mein Ziel ist es, dass Moslems zu Jüngern Jesu werden.«

Von jemandem, der so etwas sagt, erwartet man ein fanatisches Funkeln in den Augen, eine abschreckende Intoleranz. Doch Mühlberg wirkt in seiner Jovialität eher durchschnittlich, unauffällig, ein Mann, den man nicht wiedererkennt, selbst wenn man ihn schon einmal getroffen hat. Geheimagenten sagt man dieses Profil nach, und von denen kann ein Missionar wie Mühlberg eine Menge lernen. Denn christliche Missionare leben im Sudan, der von einem islamistischen Putschisten regiert wird, gefährlich. Zwar genießen die christlichen Kirchen im Sudan eine erstaunliche Menge an Privilegien: Sie sind von der Steuer befreit, anerkannte Gemeinden zahlen weder für Strom noch für Wasser. Auch Bibelschulen sind geduldet. Doch der Versuch, Moslems vom Christentum zu überzeugen, wird nicht toleriert. Darauf steht

Ausweisung oder Schlimmeres. Eine Bibelschule hat Mühlberg in Khartoum betrieben, eine Fassade für seine eigentliche Arbeit, die Mission. Mühlberg heißt zudem gar nicht Mühlberg, seinen Namen will er nirgendwo geschrieben sehen: »Man weiß ja nie, wer das liest.«

Wenn Mühlberg auffliegt, kann es ihm schlecht ergehen. Noch Schlimmeres droht allerdings jenen Moslems, die schließlich zum Christentum konvertieren. Denn auf den Abfall vom Islam steht die Todesstrafe. Sowohl im Koran als auch im Hadith wird kein Zweifel daran gelassen, dass Konvertierte im Diesseits wie im Jenseits verdammt sind. »Tötet den, der seine Religion wechselt«, soll Mohammed seinem Cousin Ibn Abbas zufolge gesagt haben. In einer traditionellen islamischen Gesellschaft wie dem Nordsudan sind Konvertierte dementsprechend geächtet: Sie werden von Familien oder Freunden verstoßen und müssen sich eine neue Existenz aufbauen, während sie um ihr Leben fürchten. Mühlberg hat gesehen, wie ein Konvertit sich verstecken musste und später aus dem Land floh. Doch so etwas hält ihn nicht davon ab, weiter für den Übertritt zum Christentum zu werben. Von der »moslemischen Herausforderung« spricht sein Kollege, der südafrikanische Baptist John Gilchrist, und von einem »epischen Kampf, dem Kampf zwischen Islam und Christentum um die Seelen aller Erdenbürger«. Mühlberg lächelt zustimmend. Seine niedrige Erfolgsquote ist ihm dabei schmerzlich bewusst: »Ich habe bis jetzt vielleicht eine Handvoll Moslems bekehren können, und so viele mehr werden es wohl nicht mehr werden.«

An skurrilen Missionaren mangelt es nicht in

Afrika. Je entlegener die Region, desto schillernder die Persönlichkeiten. Aarno Alanne wirft einen letzten prüfenden Blick auf die Instrumente und Anzeigen im Cockpit, während die Pilatus PC-12 auf der schlammigen Startbahn von Adré an Fahrt aufnimmt. Die Hälfte des Rollfelds steht nach heftigen Regenfällen ganz unter Wasser, doch als die Maschine die Pfützenlandschaft erreicht, schwebt sie bereits knapp einen Meter über dem Boden. »Das war doch einfach«, sagt Alanne zufrieden und greift nach seiner Ledertasche, um sich aus einer Thermoskanne Kaffee einzugießen. Seit fast fünfundzwanzig Jahren fliegt der Finne durch Afrika. Im südsudanesischen Bürgerkrieg hat er den Landeanflug in immer enger werdenden Spiralen vollführt, um dem Beschuss mit Flugabwehrraketen auszuweichen. Er fliegt oft in den Kongo, dem Land, wo es mehr Unfälle im Flugverkehr gibt als irgendwo sonst auf der Welt. Und er fliegt auch nach Somalia, wo es nach Anarchie und Bürgerkrieg keinerlei Behörden oder Flugkontrollen gibt. Eine überschwemmte Startbahn an der Grenze zu Darfur ist da im Vergleich nichts Besonderes, ebenso wenig die Gewitterfront, die sich am Horizont ankündigt.

Doch Aarno Alanne ist nicht nur irgendein Buschpilot. Wie Mühlberg, so ist auch er »im Auftrag des Herrn« unterwegs. Seine Pilatus gehört zum ständig wachsenden Flugpark von MAF, dem »Mission Aviation Fellowship«, einem Missionsfliegerwerk. Vor allem Missionare, Nonnen und Mitarbeiter christlicher Hilfswerke fliegt der Neunundvierzigjährige in den afrikanischen Busch: zu den weißen Flecken auf der Landkarte, wo es keine Straßen gibt, Not herrscht und der christliche

Glaube noch unbekannt ist. »Ich fliege in die Orte, wo man ohne Flugzeug nicht hinkommen würde«, erklärt Alanne. Und davon gibt es in Afrika nicht wenige. Gegründet wurde MAF vom Briten Stuart King, der heute fünfundachtzig Jahre alt ist. 1948, der Zweite Weltkrieg war gerade vorbei, suchte King nach einer neuen Berufung und erfand die Missionsfliegerei. Am Anfang musste er die Missionare förmlich überreden, mit ihm zu fliegen. Zwar warb er zu Recht damit, dass die Gottesmänner mit seinen Maschinen schneller vorwärts kämen. Doch die Missionare waren nicht überzeugt: Schließlich, so sagten sie, haben wir doch Zeit. Mit den Jahren hat Kings Idee sich dennoch durchgesetzt – und nicht nur für Missionare haben sich dank ihr neue Horizonte eröffnet. Auch Kriegsverletzte oder medizinische Notfälle können nur dank der Missionsflieger rechtzeitig gerettet werden.

Von alldem wusste Alanne nichts, als er nach dem Abitur in der finnischen Kleinstadt Rautavaara eine Bewerbung an die nationale Fluggesellschaft Finnair abschickte. »Die Wahrscheinlichkeit, bei Finnair eine Ausbildung zu bekommen, war damals praktisch null – aber ich habe es trotzdem probiert«, erinnert sich Alanne. Darum bat er um Hilfe von ganz oben: »Ich habe Gott gebeten, mir beizustehen – und ihm versprochen: Wenn das klappt, dann werde ich als Pilot dabei helfen, dein Wort in Afrika zu verbreiten.« Alanne war noch nie in Afrika gewesen, und von MAF oder anderen Missionsfliegern hatte er noch nie gehört. So freute er sich zwar übermäßig und feierte mit Freunden mehrere Tage lang, als Finnair ihm tatsächlich eine Zusage für die Pilotenausbildung schickte. »Aber als ich mit der Ausbildung fertig war, da habe ich mir gedacht: Gott, ich habe mein Versprechen nicht vergessen, aber lass mich doch erstmal als Frachtpilot ordentlich Geld verdienen.« Und so landete Alanne in den Cockpits finnischer Transportmaschinen – bis zu dem Wintertag 1979, als er in einer Schlechtwetterfront über dem Nordosten Finnlands beinahe abgestürzt wäre. »In dem Moment habe ich mein Versprechen an Gott erneuert.« Alanne überlebte – und diesmal machte er Ernst. Als er nach einer Woche zufällig einen Piloten kennenlernte, der gerade von einem MAF-Einsatz zurückkam, nahm er dies als weiteres Zeichen und bewarb sich – mit Erfolg.

Seine Entscheidung hat er seitdem nicht bereut. »Selbst unter den schlimmsten Umständen gab es Momente, die mich aufgemuntert haben.« Wie 2004 in Bukavu im Ostkongo, als Truppen des Rebellengenerals Laurent Nkunda unter den Augen von UN-Truppen plünderten, vergewaltigten und mordeten. »Wir haben Kongolesen ausgeflogen, und es war fast gespenstisch, wie still die Menschen darauf warteten, an Bord zu kommen«, erinnert sich der Pilot. Jeder hatte mindestens einen Bekannten oder Angehörigen verloren, die Angst, selbst zu sterben, stand den meisten ins Gesicht geschrieben. »Aber sie haben nichts gesagt, kein Wort, bis zur Landung in Ruanda – dann haben sie angefangen zu singen, in einer Freude, die ich so noch nie erlebt habe.« Aarno Alanne standen die Tränen in den Augen, während er seinen Flieger die Landebahn entlangfuhr. Doch das, setzt er nach, habe zum Glück keiner der Passagiere bemerkt.

In diesem Jahr feiern Aarno und seine Frau

Outi, die er kurz vor seiner Abreise nach Afrika kennenlernte, ihre Silberhochzeit – mit einem großen Grillfest im Garten ihres Hauses in Nairobi. »Ich habe mir extra aus Finnland einen gasbetriebenen Grill aus Gusseisen einfliegen lassen, damit kann man fantastische Dinge machen«, schwärmt Alanne, dessen vierte Leidenschaft nach Gott, der Fliegerei und seiner Frau gutes Essen ist. Auch gutem Trinken ist er nicht abgeneigt: Vor allem französischen Champagner leert er gerne, auch wenn er pünktlich acht Stunden vor Abflug keinen Alkohol mehr anrührt – so wollen es die Regularien. In ihrem kenianischen Heim haben es sich die beiden finnisch gemütlich gemacht – inklusive Sauna. Nach Finnland zurückkehren wollen sie aber nicht. »Europa ist eine postchristliche Gesellschaft, da gehören wir nicht hin«, glaubt Alanne.

Trotz all der Kriege und dem Leid, das er in Afrika gesehen hat, zweifelt auch er nicht an seinem Auftrag von ganz oben. »Ich glaube wirklich, dass Gott genau das für mich gewollt hat.« Wenn ihm jemand bei seinem Auftrag in die Quere kommt, kann Alanne deshalb ganz schnell fuchsig werden – wie damals ebenfalls im Kongo, als ein betrunkener Soldat Pässe beschlagnahmen und nur gegen Hunderte von Dollar wieder freigeben wollte. Eine Woche zuvor hatte der gleiche Mann eine Kollegin von Alanne bewusstlos geschlagen. Doch der Finne machte dem Soldat so große Angst, dass er schließlich abzog. Alanne kommentiert das in Wildwestmanier: »Das ist der Thrill an meinem Job – es gibt keine Zentrale oder irgendjemanden sonst, der dir hilft. Du bist auf dich alleine gestellt.« Von Gottes Beistand abgesehen, versteht sich.

Leere Meere

Überfischung hat senegalesische Fischer arbeitslos gemacht – jetzt schleusen sie Menschen

Wenn in Kayar die Sonne tief am Himmel steht, laufen die jungen Männer an den Strand und helfen mit, bunt gestrichene Fischerboote ins Meer zu schieben. Mehr als vierhundert Fischer mit ihren Booten gehen jede Nacht vor der Küste von Kayar, fünfzig Kilometer nördlich von Senegals Hauptstadt Dakar, auf Fischfang. In Spitzenzeiten sind es dreimal so viele, dann kommen selbst Fischer aus St. Louis nahe der Grenze zu Mauretanien. »Das hält das Meer nicht aus, viele Fischarten sind fast völlig verschwunden«, beklagt sich Bole Bengue, der in Kayar geboren wurde und seit mehr als vierzig Jahren Fischer ist. Der rundliche Mittvierziger neben ihm nickt zustimmend. Moussa Ndoye ist Kayars Bürgermeister – tagsüber. Nachts geht er, wie die meisten seiner Beamten, fischen. »Das ist ein politisches Problem«, sagt er, »die Regierung in Dakar hat in den vergangenen Jahren die Bauern geradezu zum Fischfang gedrängt.« Achtzehntausend Einwohner hatte Kayar im Jahr 2000, heute sind es mehr als fünfundzwanzigtausend. Fast alle leben vom Fisch, der von Kayar auf die Märkte in Dakar gefahren wird. Von dort wird er verkauft – im Senegal, vor allem aber ins Ausland.

Vor zwei Jahren zog Ndoye die Notbremse – in Kooperation mit Naturschützern. Was seitdem passiert ist, nennen die Fischer im Ort stolz das

»Kayar-Modell«. Eine im Senegal einzigartige Form der Selbstverwaltung soll helfen, die Fischvorkommen in den küstennahen Gewässern zu schützen, wo die senegalesischen Fischer unterwegs sind. »Die Fischer haben sich zusammengesetzt und gemeinsam Auflagen und Verbote beschlossen, die auf Dauer ihre Existenz sichern sollen«, erklärt Ibrahima Niamadio vom senegalesischen WWF. Im Mittelpunkt des Versuchs stand dabei die Reduzierung der Fangmenge. »Früher kamen die Fischer mit zweihundert Kilo Fisch nach Hause, von denen viele am Strand verrotteten, weil die Arten nicht so gefragt waren.« Jetzt zählt in Kayar Qualität statt Quantität. Je nach Art dürfen zwischen zwanzig und dreißig Kilo angelandet werden. Die Fischer haben eine Art Selbstkontrolle mit Stichproben eingeführt: Wer betrügt, muss ordentlich Strafe zahlen.

Das Einkommen für die Fischer soll trotz der geringeren Menge gleich bleiben: Weil sich alle an die Auflagen halten, ist Fisch aus Kayar knapper als bisher – und erzielt höhere Preise. »Kayar kann sich das leisten, weil manche beliebte Fischarten nur hier vorkommen«, erklärt Niamadio. Ebenso möglich ist das Verbot engmaschiger Netze, in denen Tausende Jungfische verendeten, und die Ausweisung von Fangverbotszonen im neuen marinen Nationalpark. Zudem brauchen Fischer heute eine Registrierung, sodass Wilderer keine Chance haben. »Das ganze funktioniert so gut, weil alle für eine nachhaltige Bewirtschaftung zusammenhalten«, so der WWF-Mann.

Nicht weit von Kayar, wo die Bedingungen nicht so günstig sind, sieht es für die Fischer selbst im Schein des Vollmonds düster aus. Während der runde Mond den Himmel über Joal-Fadiouth, einer kleinen Hafenstadt im Süden von Dakar, erleuchtet, packt Serigne Falou Mbacke ein kleines Bündel zusammen und fährt in der bunt bemalten Piroge seines Chefs hinaus auf den Atlantik. Zehn, fünfzehn Tage bleiben er und die anderen Fischer auf See, bis sie genügend Haifischflossen gesammelt haben. Dann fahren sie zurück in die Markthalle aus Beton, wo die Käufer schon ungeduldig warten. »Haifischflossen sind gefragt, vor allem die Finnen von ausgewachsenen Haien«, weiß Mbacke. Das Geschäft wird von Händlern aus dem benachbarten Guinea beherrscht. Sie kaufen die Flossen, legen sie auf Eis und fliegen sie so schnell wie möglich nach Asien aus. Dort sitzen die Konsumenten. Vor allem in China wächst die Nachfrage nach Haifischflossensuppe. Mit dem wachsenden Wohlstand ist die Nachfrage nach der Delikatesse dramatisch gestiegen. Sie werden aus allen Teilen der Welt importiert, weil es vor Chinas Küste kaum noch Haie gibt.

Mbacke arbeitet als Fischer, seit er fünfzehn ist. Sein Vater war Fischer, sein Großvater auch. Der Atlantik vor der Küste Senegals war immer ein fischreicher Grund. »Mein Vater war einer der Ersten, der Haie gefischt hat, davor war das nicht üblich«, erinnert sich der Einunddreißigjährige. Heute gibt es mindestens zwanzig Hai-Fischer allein in Joal. Die Fangmethode ist dieselbe wie bei anderen Großfischen auch: Zwei Boote teilen sich ein Netz, das zwischen ihnen gespannt wird. »Das Netz ist mehrere Hundert Meter lang und bleibt die ganze Nacht ausgelegt.« Am nächsten Morgen wird der Fang geborgen. »Als ich angefangen habe, war das ein leichter Job – ein paar Tage auf See und wir hatten locker fünfzig Kilogramm Haifischflossen zusammen.« Die Haie selbst werden über Bord geworfen, sobald die kostbaren Finnen abgeschnitten worden sind. Für Haifisch gibt es kaum einen Markt in Westafrika. Viele Muslime essen aus religiöser Überzeugung keinen Hai, erklärt Mbacke. Nur ganz wenige werden gepökelt und nach Nigeria verkauft.

Mittlerweile sind die Haie und ihre Flossen längst nicht mehr leicht zu bekommen. »Heute könnte man ein ganzes Jahr rausfahren und hätte keine fünfzig Kilo zusammen«, gibt Mbacke sich resigniert. Vor Senegals Küste gibt es gar keine Haie mehr, außer am Ende der Regenzeit, wenn die weit wandernden Populationen von Westen her die Küste erreichen. »Wir müssen jedes Mal Hunderte Kilometer nach Süden fahren, bis vor die Küste von Guinea oder Sierra Leone.« Selbst die Haie, die sie dort noch fangen, seien viel kleiner als früher. Mbacke schaut unsicher auf die Wellen, die donnernd an den Strand schlagen. Dass das Meer so leer geworden ist, sagt er leise, mache ihm Angst.

Diese Angst teilt er mit Ibrahima Niamadio. Haie sind das Spezialgebiet des Meeresbiologen. Jahrelang hat er die Wanderungen der Raubfische durch den Atlantik beobachtet, die weit komplexer sind als etwa Vogelwanderungen. »Vor der Küste Westafrikas haben viele Haiarten ihre Brutgebiete«, erklärt er. Das Fortpflanzungsverhalten von Haien ist wenig erforscht. Fest steht, dass die intelligenten Räuber Jahre brauchen, bis sie geschlechtsreif sind. »Haie haben praktisch keine natürlichen Feinde im Meer, sie werden alt und können es sich leisten, langsam zu wachsen.« Nachwuchs kommt spät und selten: Wenige Junge reichen aus, um die Population zu sichern, wenn man keine natürlichen Feinde hat. »Der Haifang hat dieses Gleichgewicht zerstört.« Noch mehr als andere Arten brauchen Haie Jahrzehnte, um sich von ihrer Dezimierung zu erholen. Niamadio fordert ein Fangverbot. Doch das ist nicht in Sicht.

Suleye Sabaly, der im Auftrag der Regierung Daten über die in Joal verkauften Haie sammelt, gibt sich professionell skeptisch. Ein Verbot käme beim Wähler wohl schlecht an. »Haifang ist ein gutes Geschäft, es gibt viele Abnehmer.« In seinen Befragungen gibt keiner der Fischer zu, dass er gezielt nach Haien fischt. »Wenn es nach der offiziellen Datenlage geht, dann werden die Haie nur aus Versehen aus dem Meer gezogen.«

Schuldig fühlt er sich schon, gesteht Mbacke. »Ich weiß, dass ich mit dafür verantwortlich bin, dass es hier kaum noch Haie gibt.« Aber eine Alternative für sich sieht er nicht. »Ich habe eine Frau und drei Kinder, die muss ich irgendwie versorgen.« Das große Geld machen zwar die Bootsbesitzer, doch in einem guten Monat bleiben ihm mehr als dreihundert Euro – im Senegal kein schlechter Lohn. Nur für die Zukunft sieht Mbacke schwarz. Seine Söhne, so sagt er, gehen zur Schule. Sie sollen nicht mehr im leeren Meer fischen müssen.

Fischer wie Mbacke tragen eine Mitschuld an der neuen Leere, doch die größte Verantwortung tragen die großen Trawler aus Asien und Europa, die den Atlantik außerhalb der Sechs-Meilen-Zone im industriellen Maßstab leer fischen. Über die Nahrungskette sind davon auch die Küstenfische betroffen: Eine der einst fischreichsten Regionen der Welt leidet längst unter Artenschwund. In Kayar haben sich trotz der selbst erteilten Auflagen die Bestände noch nicht ausreichend erholt. Viele zugewanderte Fischer sitzen buchstäblich auf dem Trockenen.

Djibril Ndiaye hockt deshalb mit vier Freunden auf dem Bett, das gut die Hälfte seines abgedunkelten Zimmers ausfüllt. Im Hintergrund rauscht ein alter Fernseher. »Wir gehen kaum fischen, meistens sitzen wir hier nur rum«, erzählt der neununddreißigjährige Vater von dreizehn Kindern. »Wir fangen zu wenig, es gibt einfach zu viele Fischer.« Mit Ach und Krach schafft Ndiaye es, einigen seiner Söhne die Schulausbildung zu bezahlen. »Aber was sollen sie danach machen?« Fischer wie er sind die Zielgruppe einer Mikrokredit-Bank, die die Fischer gegründet haben. Hier gibt es Geld für diejenigen, die umsatteln wollen – etwa zurück auf die Landwirtschaft oder auf den Tourismus. Doch bisher, gibt der Leiter der Bank zu, sind die Anträge ausgeblieben. »Tourismus ist schwierig hier, zum Beispiel weil nur wenige Fischer Französisch sprechen.«

Immer mehr suchen deshalb Zuflucht im einzigen boomenden Geschäft an Senegals Küste: dem Flüchtlingstransport. »So eine Überfahrt dauert ein paar Tage, dann hat man ein paar Tausend Euro gemacht«, sagt einer von Ndiayes Freunden. Und die Kunden stehen Schlange: Zehntausende Afrikaner aus allen Ecken des Kontinents wagen jedes Jahr die gefährliche Überfahrt zu den Kanarischen

Inseln, jeder Zehnte, so Schätzungen, kommt dabei ums Leben. »Das Risiko muss man eingehen, wir Fischer haben einfach keine andere Wahl«, sagt Ndiaye. »Ich bin bereit, auf See zu sterben.« Unter Senegals Fischern hat der Tod auf See noch etwas Ehrenhaftes. Als Ndiayes Vater vor einigen Jahren bei einem Fischzug ertrank, wurde in den Fischerhütten seiner Freunde in Kayar tagelang zu seinem Gedenken gefeiert.

Bossangoas vergessener Held

*Wer in der Zentralafrikanischen Republik helfen
will, der braucht so viel Mut wie Gaspar Akofi*

Auf dem Markt von Bossangoa im Norden der
Zentralafrikanischen Republik verlieren sich
die paar Kunden im Labyrinth aus verlassenen,
verrosteten Metalltischen. Bauern verkaufen das
Wenige, was sie auf den Äckern am Stadtrand ge-
erntet haben: Cassava vor allem, eine geschmacks-
arme Wurzel, die, gemahlen und gekocht, für viele die einzige Nahrung darstellt. Die Armut fühlt
sich immer noch neu an, sagen die Menschen hier.
Denn einst war Bossangoa Warenumschlagplatz
für die ganze Region. Mehr als hundertfünfzig
Kilometer auf der von Schlaglöchern gesäumten
Route Nationale 1 legten Bauern und Händler
am Markttag in klapprigen Peugeots zurück, um
von den Feldern in der Grenzregion zum Tschad
nach Bossangoa zu kommen. Doch das ist vorbei.
Heute ist Bossangoa eine Insel. Die Straße in den
Tschad ist unzugängliche Kampfzone. Die Felder
im Norden von Bossangoa liegen brach, die Dörfer
sind verlassen. Die Vertriebenen verstecken sich
im dichten Busch, ohne Kontakt zur Außenwelt.
Selbst wenn es Hilfe gäbe, hier würde sie niemanden erreichen.

In der Zentralafrikanischen Republik, einem
Staat doppelt so groß wie Polen, mitten im Herzen
Afrikas, herrscht Krieg, lange schon. Doch anders
als im nordöstlich angrenzenden Darfur, im süd-

lich gelegenen Kongo oder im Tschad im Norden interessiert sich niemand für die Opfer der humanitären Krise, knapp ein Drittel der Bevölkerung. Das gilt auch für den Präsidenten, der im protzigen Palais de la Renaissance in der Hauptstadt Bangui sitzt. General François Bozizé herrscht theoretisch über dreieinhalb Millionen Menschen, die sich über weithin unerschlossene Wälder und Savannen verteilen. Im dünn besiedelten Norden und Osten aber ist es unmöglich, staatliche Autorität aufrechtzuerhalten. Deshalb herrscht Bozizé tatsächlich vor allem über die Hauptstadt und über eines der größten Diamantenvorkommen der Welt, das überwiegend illegal zu den Händlern im belgischen Antwerpen gelangt. Wer in Bangui regiert, kann sich bedienen: So war es schon unter dem selbst ernannten Kaiser Jean-Bédel Bokassa I., so ist es auch heute. Seit der Unabhängigkeit von Frankreich 1960 hat das Land nur einen demokratischen Machtwechsel erlebt. Amtsinhaber Bozizé putschte seinen unbeliebten Vorgänger Ange-Félix Patassé im März 2003 aus dem Amt.

Der Präfekt von Bossangoa räumt ein, dass es Probleme gibt. David Doni sitzt in seinem Wohnzimmer unter dem Porträt des Präsidenten und hält Lagebericht. »Die Menschen hier wollen arbeiten, aber es gibt nichts zu tun.« Auch er hat die Gerüchte gehört, dass nicht weit von Bossangoa in Richtung Tschad Ölfelder liegen sollen. Er seufzt. »Öl ist sehr wertvoll. Aber Öl, das immer noch im Boden ist, hat für niemanden einen Wert.« Doni zittert, immer wieder schaut er abrupt über seine Schulter. Er hat Angst. Kein Wunder. Bossangoas Bürgermeister ist ein paar Monate vor unserem

Gespräch ermordet worden, auf der Straße nach Norden, von »Wegelagerern«, wie es offiziell heißt. Doch jeder weiß, dass die Mörder Rebellen waren, Bozizés Gegner. Die Rebellen schlagen genauso brutal zu wie die Armee. Zu denen, die im Norden gegen die Regierung kämpfen, gehören Unterstützer diverser Vorgänger Bozizés ebenso wie Exsöldner des jetzigen Präsidenten. Sie fordern die Prämie, die ihnen vor dem Putsch versprochen wurde: pro Kopf sieben Millionen CFA-Francs, mehr als zehntausendsechshundert Euro. Bis die kommen, bedienen sich die einstigen Söldner selbst. Angst vor Konsequenzen hat keiner. Deshalb schwappen auch die Konflikte aus den Nachbarstaaten so ungehindert über die grüne Grenze und machen das Leben noch einmal mehr zur Hölle. Rebellen aus Darfur und selbst Teile der ugandischen »Widerstandsarmee des Herrn« sollen nicht weit von Bossangoa entfernt hausen. Ihre Opfer sind Zivilisten. Um die kümmert sich in der Zentralafrikanischen Republik ohnehin kaum jemand.

Einer der wenigen ist Gaspar Akofi. Seit 1992 arbeitet der früh gealterte Mittvierziger in der Augenklinik von Bossangoa, einem grün-weiß gestrichenen Flachbau. Tagsüber, wenn operiert wird, wummert ein Diesel-Generator. Vom OP-Fenster aus sieht man Flusspferde, die sich im flachen Wasser suhlen. Die Klimaanlage wurde vor ein paar Jahren gestohlen, ein Problem, wenn der Arzt während einer komplizierten Augenoperation ins Schwitzen gerät. Akofi ist kein Arzt, er hat als Hausmeister und Mädchen für alles begonnen. Weil es keine Krankenhelfer mehr gibt in

Bossangoa, hat er bei Operationen zugesehen und viele Fragen gestellt. So viele, dass er inzwischen ziemlich gut helfen kann. Ganze Dörfer leiden an Flussblindheit, Tausende verlieren ihr Augenlicht, weil sie nicht behandelt werden. Augenkrankheiten sind ein großes Problem im zugewucherten Busch, der gleich hinter Bossangoa beginnt. Auch andere Notfälle behandelt man in der Augenklinik so gut man eben kann.

Bei einem Rundgang durch die Stadt zeigt der zehnfache Vater Akofi immer wieder auf nahezu verfallene Gebäude, die Wände von Einschusslöchern durchsiebt. »Das hier war unser erstes Büro, aber Soldaten aus dem Tschad und dem Kongo haben alles zerstört, als sie die Stadt geplündert haben.« Im Garten steht ein halb verfallener Tiefbrunnen. »Vielleicht haben die Soldaten Leichen in den Schacht geworfen, man weiß es nicht – dann könnte das Wasser vergiftet sein.« Niemand denkt daran, hier Wasser zu holen oder gar das Gebäude wieder aufzubauen. Bossangoa ist voll von solchen Häusern, zerstört und verlassen. Im Kampf um die Reichtümer des Landes haben Präsidenten und ihre Herausforderer immer wieder Soldaten aus dem nahen Ausland angeheuert, um für sie zu kämpfen. Die Libyer haben Bossangoa, im Auftrag von Bozizés Vorgänger Patassé, zuerst geplündert. Dann kamen die Tschadier im Dienste des jetzigen Präsidenten. Von der anderen Seite des Oubangui-Flusses, der die Südgrenze der Republik bildet, holte Patassé außerdem noch die Horden des kongolesischen Warlords Jean-Pierre Bemba, die sich an der Bevölkerung schadlos hielten. Irgendwann wurde allen das Chaos zu groß. Die Weberei, in der Baumwolle von den nahen Feldern verarbeitet wurde, ist längst geschlossen. In den Wirren der Neunziger haben sich selbst französische Staatsunternehmen zurückgezogen, die bis dahin den öffentlichen Sektor dominierten. Niemand wollte mehr in einem Land investieren, in dem Putsche und Bürgerkriege normal geworden waren.

Als die Tschadier kamen, rettete Gaspar Akofi vermutlich die Klinik. Er vergrub die teuren Mikroskope und andere medizinische Geräte in seinem Garten, während er schon die Schüsse hörte, die nur wenige Kilometer entfernt fielen. »Wenn ich erwischt worden wäre, die hätten mich sofort umgebracht.« In letzter Minute floh er in die Wälder, wo seine Familie wartete. »Wir haben drei Wochen im Laub geschlafen und nichts als Wurzeln und Nagetiere gegessen.« Als Akofi zurückkehrte, war die Stadt zerstört. »Aber die Mikroskope, die waren unversehrt«, sagt er ohne besonderen Stolz in der Stimme. »Die Klinik ist ein Teil meines Lebens, da musste ich einfach etwas tun.« Weil die Klinik von Bossangoa als einzige stehen blieb, marschieren die Menschen heute tagelang durch den Busch und über leere Felder, um sie zu erreichen. Was wäre passiert, wenn Akofi wie seine Nachbarn und Freunde einfach Hals über Kopf geflohen wäre? Er weiß es nicht, sagt Akofi bescheiden. »Vielleicht wäre dann all das nicht mehr da, und ich wüsste nicht, was ich anfangen sollte.« Von seiner Tat weiß in Bossangoa niemand etwas, und selbst die Kranken, die Akofi täglich sieht, würden es wohl nicht glauben. Das Vertrauen in Menschlichkeit und selbst kleine Heldentaten haben die Menschen hier längst verloren.

Fünfhundert Kilometer weiter südlich, in der Hauptstadt Bangui, treffe ich ein paar Tage später die hauptberuflichen Helfer von UN und internationalen Hilfsorganisationen. Sie haben sich zu einer Party im Wohnzimmer einer Etagenwohnung versammelt, die Maurizio Giuliano gehört. Keiner muss sich drängen, sie sind nur eine Handvoll. Giuliano soll die Arbeit der verschiedenen UN-Organisationen im Land koordinieren. Doch weil es kein Geld gibt, gibt es auch kaum Hilfe – und kaum Koordinationsbedarf. »Wir brauchen vergleichsweise wenig, um die schlimmsten Probleme anzugehen, aber selbst das haben wir nicht.« Die Zentralafrikanische Republik, eines der zehn ärmsten Länder der Welt, scheint von allen guten Gebern verlassen. »Unser Problem ist, dass die Krise kaum wahrgenommen wird.« Dabei herrscht absolute Armut, fast überall. Die Aids-Rate liegt in manchen Orten bei fünfunddreißig Prozent, mindestens ein Drittel der Bevölkerung gilt als unter- oder mangelernährt. »So ganz genau können wir das allerdings nicht sagen, denn Daten gibt es nicht«, gibt sich Giuliano resigniert. Weil die UN-Agenturen in Bossangoa und den anderen umkämpften Landesteilen nicht präsent sind, können sie keine eigenen Daten erheben.

Um überhaupt sinnvoll Hilfsgüter verteilen zu können, hat Giuliano deshalb schon mal Freiwillige aus allen Regionen nach Bangui eingeflogen, um sie als Berichterstatter auszubilden. Die EU hatte ein Seminar finanziert. Die Teilnehmer waren begeistert und brannten darauf, die UN fortan mit Daten zu versorgen. »Aber leider haben wir nie die paar Zehntausend Euro zusammenbekommen, um die nötigen Satellitentelefone zu kaufen – deshalb kann uns keiner unserer Berichterstatter anrufen.« Das Welternährungsprogramm verteilt seine Hilfe deshalb bis heute nach dem Zufallsprinzip. Seine Wut kann der impulsive Italiener nicht verbergen. »Ich verstehe nicht, warum so wenig passiert.« Die Zentralafrikanische Republik, sagt Giuliano mehr zu sich selbst, ist eben einfach ein vergessenes Land. Ein Land mit vergessenen Helden wie Gaspar Akofi.

Das Afrika des Mister Wu

*Ein chinesischer Kleinunternehmer erfüllt sich im
Tschad seinen »afrikanischen Traum«*

Hinter dem imposanten, leuchtend rot gestrichenen Tor wirken die schnörkellosen Flachbauten
aus unverputztem Beton ein bisschen enttäu-
schend. Eher hätte man einen asiatischen Tempel-
bau erwartet als solche Kasernen, deren schwere
Gitter vor den Zimmertüren am ehesten an ein Gefängnis erinnern. Doch Chez Wu ist weder Tempel
noch Gefängnis, sondern ein Motel, das mitten in
Tschads Hauptstadt N'Djamena innerhalb von
nicht einmal einem Jahr hochgezogen worden ist.
In den spartanisch eingerichteten Zimmern stehen Betten aus furniertem Holz, ein Schreibtisch
und ein Schrank mit dünnen Wänden. Wie alles
bei Chez Wu, so sind auch die Möbel aus China
importiert worden. »Sie haben Glück, wir haben
für heute noch ein Zimmer frei«, erklärt freude-
strahlend René, der die fast fünfzig Betten ver-
waltet. Hundert Euro kostet die Übernachtung,
für N'Djamena ist das günstig. Besitzer David Wu
plant bereits einen Anbau. »Morgen kommt wieder eine Busladung mit Gästen aus China, dann
sind wir komplett voll«, stöhnt Concierge René.
Das gilt dann auch für die beiden zugehörigen Restaurants, in denen bei Neonlicht an runden Plas-
tiktischen authentische Chinaküche serviert wird.
Zwischendurch fällt beim Abendessen für zehn
Minuten das Licht aus, eine Erinnerung daran,

dass man sich in einem der ärmsten Länder Afrikas befindet. Sonst könnte Chez Wu wohl überall auf der Welt stehen.

Das Motel ist eines der kleinen Symbole für Chinas Griff nach Afrika, den die Regierungen im Westen mittlerweile mit Argusaugen verfolgen. Kein anderer Kontinent ist der chinesischen Staatsführung so wichtig wie das rohstoffreiche Afrika. Von der Jahrtausendwende bis 2008 hat sich das Handelsvolumen auf mehr als fünfzig Milliarden US-Dollar jährlich verfünffacht, bis 2010 soll es auf hundert Milliarden steigen. »Wir sind sehr glücklich hier«, lächelt die Tochter des Besitzers, Marie Wu. Als Wu nach N'Djamena kam, da war sie noch eine der ersten chinesischen Gastarbeiterinnen. Doch mittlerweile leuchten überall im Zentrum der Stadt chinesische Schriftzeichen in Neonfarben. Unter dem Schutt, der nach den jüngsten Unruhen noch nicht von der Avenue Charles de Gaulle entfernt worden ist, liegt das zerbrochene Schild einer chinesischen Apotheke, gleich neben dem verrammelten Restaurant Shanghai. Die chinesischen Investoren sind in Tschads brutaler Realität angekommen. Mehr als siebenhundert Menschen starben bei dem niedergeschlagenen Aufstand von Rebellen aus dem Osten gegen den autokratischen Präsidenten Idriss Déby. Ist es Wu, die aus der Provinz im Süden Chinas stammt, in N'Djamena nicht zu gefährlich? »Nein, wir leben doch hier in Frieden und können unbehelligt Geschäfte machen.«

Chinas »Marsch nach Afrika« ist nicht zuletzt ein Marsch der kleinen Leute wie David Wu und seiner Tochter, Unternehmer, Händler und Handwerker, die jenseits der Volksrepublik ihr Glück machen wollen. Weil sie ihr eigenes Netzwerk von Zulieferern mitbringen und mit viel weniger Komfort und Gewinn zufrieden sind als etwa Unternehmer aus Europa, haben sie schnell Erfolg. Zudem fliegen die Chinesen ihre eigene Kundschaft ein, Bauarbeiter der Staatsunternehmen etwa, die im Tschad mit chinesischer Entwicklungshilfe gleich mehrere Landstraßen von Grund auf neu bauen; und natürlich die Geologen und Mitarbeiter von Chinas Öl- und Rohstoffkonglomeraten. Es ist die Geschwindigkeit, die einem den Atem raubt: Als ich David Wu besuche, hat China erst seit anderthalb Jahren überhaupt diplomatische Beziehungen zum Tschad aufgenommen. Vollkommen überraschend hatte Präsident Déby da die diplomatischen Beziehungen mit Taiwan abgebrochen, dessen Premierminister Su Tseng-chang gerade einen Staatsbesuch angekündigt und Explorationsrechte für aussichtsreiche Ölfelder in Aussicht gestellt bekommen hatte. »Es handelt sich für den Tschad um eine Überlebensfrage«, hatte Déby dem verdutzten Su erklärt, der daraufhin zu Hause auf der Insel bleiben musste. Das Abschwören von Hilfe aus Taipei ist eine der wenigen Bedingungen, die Chinas Führung für die Zusammenarbeit mit der Volksrepublik stellt. Nur noch fünf afrikanische Staaten, die kleinsten und ärmsten, erkennen die Inselrepublik, für die Volksrepublik eine abtrünnige Provinz, an. Seit der Tschad nicht mehr dazugehört, sind Hunderte, eher Tausende Chinesen nach N'Djamena gezogen, glauben die Wus.

Doch während die Wus mit voller Kraft an ihrem kleinen Glück arbeiten, macht auch im Tschad die herrschende Elite den eigentlichen Profit, allen voran der Präsident. Der Westen setzt Déby seit Jahren unter Druck, weil er zu wenige Öleinnahmen in Entwicklungsprojekte steckt. Nur unter dieser Bedingung hatte die Weltbank eine milliardenschwere Pipeline zum Verladehafen in Kamerun finanziert. Doch Déby gab das Geld für Waffen aus, der Westen war schockiert. »Die chinesische Führung hat dagegen als eines der ersten Projekte den Bau einer Panzerfabrik im Tschad ausgemacht«, weiß Jean-Claude Nekim, ein Journalist, der die immer mal wieder verbotene, unabhängige Zeitung *N'Djamena Bi-Hebdo* herausbringt. »China schert sich im eigenen Land nicht um Menschenrechte und Entwicklung, warum also hier?« Während Europa und die USA, bislang noch Hauptabnehmer tschadischen Öls, von Déby »gute Regierungsführung« fordern, ist Peking ganz offen desinteressiert an den internen Belangen des Tschads. Vom autoritären Führungsstil Débys profitiert China sogar, sagt Nekim.

So werden während meiner Reise rund um den Marché Central vor der großen Moschee Häuser und Geschäfte niedergerissen. An ihrer Stelle, sagt einer der tschadischen Arbeiter, soll hier eine komplett aus China finanzierte Shopping-Mall entstehen. Und tatsächlich, inmitten der Ruinen stehen schon chinesische Bauingenieure und vermessen. Es ist ein Geschäft zum beiderseitigen Vorteil: Die Chinesen wollen bauen, Déby vor allem abreißen. »Die Stadtverwaltung nutzt den von Déby ausgerufenen Ausnahmezustand, um Gebäude der Oppositionsanhänger zu zerstören«, erklärt Nekim kopfschüttelnd.

Déby selbst sonnt sich unterdessen im chinesischen Rampenlicht. Im Januar 2007 eröffnete Chinas Außenminister Li Zhaoxing die neue Botschaft Chinas in N'Djamena, ein halbes Jahr später wurde Déby bei einem Staatsbesuch in Chinas großer Halle des Volkes erst von Präsident Hu Jintao, dann von Premier Wen Jiabao empfangen. In Europa werden Afrikas Staatschefs hingegen oft mit Ministern oder Staatssekretären abgespeist. »Politik auf gleicher Augenhöhe« nennt China seine Charmeoffensive, und vergisst nicht, in Afrika neben den üblichen Entwicklungsprojekten auch prunkvolle Flughäfen, Paläste und Sportstadien zu bauen, mit denen die Regierenden sich schmücken können. Geld spielt keine Rolle, Mitbewerber werden regelmäßig unterboten. »Wir sind ein Staatsunternehmen, und der Staat will, dass wir hier Straßen bauen«, erklärt Deng Guoping, der überall in Afrika Straßen und Brücken baut, seine Firmenphilosophie. Für eine Staatsfirma spielt es keine Rolle, ob sie rote oder schwarze Zahlen schreibt. Nicht nur Rohstoffe, die die ständig wachsende Wirtschaft Chinas dringend braucht, auch politische Unterstützung gibt es im Gegenzug. Mit dreiundfünfzig Stimmen stellt Afrika den größten Stimmenblock etwa bei den UN. »Wir sind ein armes Land, wir können uns unsere Unterstützer nicht aussuchen«, sagt selbst der Regimekritiker Nekim.

Chinas Führung sind Verstöße gegen Menschenrechte nicht nur einfach egal, sie werden sogar als Chance gesehen. »China unterläuft jedes Embargo gegen afrikanische Diktaturen«, ärgert sich ein Diplomat, der in N'Djamena zusehen

muss, wie die Chinesen ständig neue Verträge ab-
schließen. Ob Simbabwe, der wegen der Darfur-
krise verfemte Sudan oder der Tschad: Wo westliche Geber aussteigen, steigt China ein. Mit solch
großer Politik freilich will David Wu nichts zu tun
haben. »Ich will meiner Familie nur unseren afrikanischen Traum erfüllen«, sagt er, und in der
staubdurchwehten Wüstenei, die N'Djamena darstellt, klingt das erst recht nach Wildem Westen.
Zu Waffengeschäften oder dem autoritären Geba-
ren des Präsidenten gibt Wu keinen Kommentar
ab, er lächelt nur. In dieser Hinsicht ist Wu ein
erfahrener Afrikaner. Egal ob im Tschad oder in
China: In beiden Ländern kann einen schließlich
selbst vertraulich geäußerte Kritik den Kopf kosten.

Baby-Bomber und rote Teufel

Ein Besuch in Nigerias Kriegsmuseum ist eine Rückreise in einen vergessenen Staat

Die überfüllte Hauptstraße von Umuahia liegt schon lange hinter uns. Unsicher kurvt der Taxifahrer über einen Lehmpfad, rechts und links eine Ansammlung von Holzhütten. »Dort drüben, das ist es!«, ruft endlich mein Beifahrer Freeman. Wir hatten Menschen am Straßenrand nach dem Nationalen Kriegsmuseum gefragt, anscheinend nicht sehr bekannt in diesem abgeschiedenen Landesteil Nigerias. Der am Straßenrand vor sich hin summende Musiker war der Einzige, der schon einmal davon gehört hatte. »Nenn mich einfach Freeman«, rief er mir zu, während er, ohne zu zögern, zu uns ins Auto sprang und begann, uns zu führen. Auf die Holzhütten folgt ein verrosteter Stahlzaun, dann ein verrostetes Tor, das gut vier Meter hoch in den Himmel ragt. Rechts und links wehen nigerianische Flaggen. Wir hupen.

Umuahia ist heute eine kleine Provinzhauptstadt im Osten Nigerias, ein paar Kilometer vom Highway zwischen Enugu und der Ölmetropole Port Harcourt entfernt. Doch vor gerade einmal vierzig Jahren war Umuahia die Hauptstadt eines echten Staates, den General Emeka Odumegwu-Ojukwu am 30. Mai 1967 ausrief. »In dem Bewusstsein, dass keine Regierung außerhalb Ostnigerias unser Leben und unseren Besitz schützen kann, erkläre ich im Namen des Volkes die bisherige Region Ostnigeria zur unabhängigen Republik Biafra«, so begann seine erste Rede als Präsident. Der Jubel unter der Mehrheit der gut sechzehn Millionen Einwohner, den ethnischen Igbo, war groß, erinnert sich Freeman, der damals sechs Jahre alt war. »In meinem Dorf wurde gefeiert, die ganze Nacht hindurch.«

Zu diesem Zeitpunkt waren die Igbo seit einem guten Jahr Ziel von Pogromen gewesen. Das schlimmste Massaker fand in der nordnigerianischen Stadt Kano statt, als ein Flug aus London auf dem Weg nach Lagos zwischenlandete. »Eine Horde Soldaten stürmte auf einmal in den Wartesaal«, berichtete damals ein Korrespondent des US-Nachrichtenmagazins *Time*, der an Bord der Maschine war. »Sie schrien: Wo sind die verdammten Igbo? Dann ermordeten sie jeden, der potenziell Igbo war, Zöllner, Kellner, Passagiere.« Es folgte ein Blutbad in der ganzen Stadt. Am Ende, so Schätzungen, lagen dreitausend Igbo tot in den Straßen. In den kommenden Monaten folgten neue Hetzjagden, viele Igbo zogen sich in ihre Heimatregion zurück. Den Versprechen des Militärherrschers General Yakubu Gowon, die Igbo zu schützen, glaubte kaum jemand – schließlich hatte der aus dem Norden stammende Gowon im Juli 1966 eine Igbo-Militärregierung weggeputscht und ihre Exponenten ermorden lassen, so wie es die Igbo-Generäle vor ihm gemacht hatten.

Die frischgebackenen Biafraner waren Optimisten. »Wir haben geglaubt, mit dem gerade entdeckten Öl könne man leicht einen eigenen Staat aufbauen«, erzählt Freeman – zumal Angehörige der nigerianischen Elite in Verwaltung und Militär nach der Unabhängigkeit von Großbritannien 1960 ethnische Igbo waren. »Unser Staat hat mehr Ärzte als das restliche Schwarzafrika«, ging ein Spruch in den ersten Tagen der Unabhängigkeit: Fünfhundert waren es laut der bis heute bestehenden Unabhängigkeitsbewegung. Siebenhundert Rechtsanwälte und dreihundert Ökonomen begannen über Nacht damit, eine Bürokratie für den von niemandem anerkannten Staat aufzubauen. Binnen Wochen gab es Ministerien für Häuserbau, ländliche Entwicklung oder Tierhaltung. Botschafter wurden nach London und Paris entsandt. Doch der ordentlich verwaltete Frieden währte gerade mal einen guten Monat: Am 6. Juli griffen nigerianische Truppen die Sezessionisten an – mit der vollen Wucht einer technisch hochgerüsteten Armee.

Wenn die in eine löchrige Uniform gekleidete Frau, die nach minutenlangem Dauerhupen widerwillig das Tor öffnet, von der Existenz Biafras weiß, dann lässt sie sich das nicht anmerken. »Das hier ist nigerianisches Militärgelände«, weist sie uns zurecht, als wir nach den Relikten des Biafrakriegs fragen. »Parken nur hier vorne, keine Fotos erlaubt.« Dem Gästebuch zufolge, das wir zusammen mit den vergilbten Eintrittszetteln bekommen, sind wir die ersten Besucher seit zweieinhalb Monaten. Im Hintergrund plärren Bibelverse aus einem Transistorradio, während uns die Frau, die Maria heißt, im Laufschritt in ein flaches Betongebäude treibt. »Schnell, schnell, bevor der Strom ausfällt, wir haben keinen Generator.« Freeman kommt mit. »Ich habe ohnehin nichts vor heute Nachmittag«, sagt der ehemalige Sänger. Gut möglich, dass man ihn kennt in Umuahias Kneipen, wenn er abends sein Bier trinken geht. Von seiner Frau hat er sich kürzlich getrennt, vom Singen auch, sagt er, und seine Augen schauen ins Leere. An dem Tag, als ich ihn kennenlerne, wollte Freeman eigentlich sein neues Tonstudio einrichten, aber der Handwerker, der zunächst die Tür einbauen wollte, kam nicht. Jetzt hat er Zeit, um mit mir in die Vergangenheit zu reisen.

Im Inneren des Kriegsmuseums steht die Luft von vierzig Jahren. Es gibt keine Fenster, eine Klimaanlage sowieso nicht. In Glaskästen verstauben nigerianische Militäruniformen. Handbeschriebene Tafeln informieren über Form und Farbe von Rangabzeichen. Keine Spur von Biafra – bis wir in einen abgeschlossenen Nebenraum geleitet werden. »Das war der Regierungsbunker, nachdem Ojukwu und seine Leute im Oktober 1967 aus Enugu fliehen mussten«, flüstert Freeman, während wir eine steile Treppe hinabsteigen. Auf beiden Seiten hängen Fotos von Generälen: links Nigerianer, rechts die Funktionsträger der Biafra-Armee. Ein Foto klebt auf beiden Seiten. »Das ist Victor Banjo, der die 101. Einheit der biafranischen Armee ins Verderben geführt hat.« Als Kollaborateur mit der nigerianischen Armee wurde er von einem Militärgericht in Biafra zum Tode verurteilt, bevor der Krieg im Januar 1970 endgültig verloren und Biafra Geschichte war.

Ein paar Räume weiter, in einer dunklen Ecke des Bunkers, verfällt ein wohnzimmergroßer Metallkasten, der einmal ein Kurzwellensender gewesen sein muss. »Hier ist die Stimme Biafras aus Enugu«, meldete der von Ojukwu handverlesene

Sprecher selbst noch, als Enugu schon seit mehr als einem Jahr gefallen war. »Bis kurz vor Ende des Krieges haben Hunderttausende geglaubt, dass Biafras Truppen kurz vor einem Sieg stünden, trotz des Elends überall«, schüttelt Freeman den Kopf. Ojukwu, der Herrscher der Herzen, wollte sich seiner wichtigsten Waffe, der Moral seiner Bevölkerung, sicher sein. Viel mehr hatte er auch nicht. Zwar meldeten sich im Eifer der Begeisterung für ihr neues Vaterland in den Wochen nach Kriegsbeginn Zehntausende Freiwillige in den Baracken – doch es gab keine Uniformen, keine Waffen, kein militärisches Gerät.

Während Nigeria Unterstützung aus Großbritannien und Russland erhielt, war Biafra auf die kühnen Ideen seiner Ingenieure angewiesen. Als nigerianische Truppen eine Blockade um den Sezessionistenstaat errichteten, die bis 1970 anhalten sollte, präsentierten diese stolz ihre erste eigene Erfindung: den Roten Teufel, einen in einer Fabrik in Port Harcourt umgebauten Geländewagen, auf den eilig zusammengeschweißte Stahlplatten als Panzerung montiert wurden. Darin rollten Biafras Soldaten mehr an die Front, als dass sie fuhren – kaum zu glauben, wenn man einen der »Teufel« sieht, die seit Jahrzehnten im meterhohen Gras vor Ojukwus Bunker vor sich hin rosten.

An der Front wartete Nigerias Armee mit Panzerfäusten und Kanonen. Davon konnten Biafras Soldaten, die zunächst nur mit leichten Gewehren ausgerüstet waren, nur träumen. »Doch dann haben die Ingenieure eigene Landminen entwickelt, die mit Sprengstoff aus Maniok gefüllt waren«, erklärt Freeman, während er eine der bröckelnden

Biafra-Flaggen auf dem Panzerwagen poliert: eine halbe gelbe Sonne auf rot-schwarz-grün gestreiftem Untergrund. »Danach kamen biafranische Raketenwerfer, zusammengehämmert aus abgesägten Haushaltsrohren. Wegen der nigerianischen Blockade gab es keinen anderen Weg, als selber Waffen zu machen.« Hinter dem Museum steckt wohl der Gedanke, die Überlegenheit der nigerianischen Armee zu demonstrieren – es sollte ein Arsenal der Kriegsverlierer sein. Doch vor allem zeigt es den Erfindungsreichtum der biafranischen Armee. Es wurde improvisiert, der Rest wurde geklaut, etwa ein französischer Panzer, den Biafras Armee im September 1968 bei einem Gefecht in der Stadt Oguta eroberte – und der, weil so einzigartig, sofort einen Namen bekam: Oguta Boy. Während Nigerias Armee die Bevölkerung systematisch aushungerte – der vor Unterernährung aufgeblähte Leib eines Kindes war in Europa bald als »Biafrabauch« berüchtigt –, sorgte sich Ojukwu vor allem um seine Luftwaffe. Der General hatte Piloten, aber keine Flugzeuge – für die drei Maschinen, die nach der Blockade in Umuahia verblieben waren, gab es keine Ersatzteile.

Zu Hilfe kam ihm ausgerechnet ein schwedischer Edelmann: Graf Carl Gustav von Rosen. Dessen Geschichte war eine Art Ritterepos, die der junge Freeman von seinen Eltern am kärglich gedeckten Tisch immer und immer wieder hören wollte. Im Zweiten Weltkrieg hatte Rosen im Alleingang aus einem Sportflugzeug die Rote Armee beschossen. »Im Frühjahr 1969 hat er Biafra eine Flugstaffel aus fünf zweisitzigen Sportmaschinen spendiert, die er selbst im Schutz der Nacht von

Gabun nach Biafra geflogen hat, eine nach der anderen.« Die Überreste der »Biafra-Babys«, wie die Maschinen getauft wurden, haben die Museumsmacher in den Schatten eines nigerianischen Militärjets gestellt. Unter jedem der nicht einmal drei Meter breiten Flügel war Platz für jeweils sechs Raketen – mit ihren Flügen unterhalb nigerianischer Radare machten die »Babys« Nigerias Armee monatelang das Leben schwer.

Doch der Krieg war da längst verloren. Leidtragende waren die Zivilisten: Auf eine Million wird die Zahl der Opfer geschätzt, die meisten verhungerten. »Ojukwu muss gewusst haben, dass Biafra verhungert«, sinniert Freeman, während er auf dem Deck eines im Garten ausgestellten nigerianischen Militärschiffs sitzt und auf die letzten paar Hundert Quadratmeter Biafra hinabblickt. »Wahrscheinlich wollte er es nicht wahrhaben.« Selbst als Ojukwu ins Ausland floh, ging die Propaganda weiter. Auf eine Friedensmission habe Ojukwu sich begeben, lautete eine der letzten Durchsagen der Stimme Biafras, bevor der Sender am 14. Januar 1970 eingenommen wurde. Einen Tag später verkündete Biafras Armeeführung die bedingungslose Kapitulation.

Heute lebt Ojukwu nicht weit entfernt in Enugu. »Vor ein paar Jahren wollte er Nigerias Präsident werden, hat aber nur ein paar Prozent bekommen«, lacht Freeman. Danach geriet der inzwischen weit über Siebzigjährige weitgehend in Vergessenheit – wie die Überreste seines Staates, die in einem Museum in der nigerianischen Provinz vor sich hin träumen.

Müllmänner der Globalisierung

Im Slum von Korogocho leben die Menschen auf und von dem Abfall der Vier-Millionen-Stadt Nairobi

Auf dem Schulhof von Pater Daniele haben die Kinder ein großes Banner aufgehängt. »Festival der Straßenkinder: Eine andere Welt ist möglich!« steht darauf. In den Pausen reden die Schüler auf dem Hof aufgeregt über die nächsten Tage. Die meisten können es kaum noch erwarten, dass das Weltsozialforum, das weltgrößte Treffen der Zivilgesellschaft, endlich beginnt. »Wir haben seit Monaten alles vorbereitet, jetzt soll es endlich losgehen«, drängelt der zwölfjährige Paul. Und auch seine Mutter, die sich nach Schulschluss mit anderen Mitgliedern der St.-John-Gemeinde trifft, um den »Marathon der Slumbewohner« vorzubereiten, schaut ungeduldig drein.

»Hier in Korogocho leben die Ärmsten der Armen, und beim Weltsozialforum haben wir die einmalige Chance, unserem Unmut vor großem Publikum Luft zu machen«, freut sich der italienische Pater Daniele Moschetti, der vor sechzehn Jahren in den wohl heruntergekommensten Slum von Kenias Hauptstadt Nairobi gezogen ist. Hier nennen ihn alle Daniele. Der Katholik führt den Widerstand der Kirchengemeinden in Korogocho an. Viertausend Slumbewohner hat er als Teilnehmer für das Weltsozialforum angemeldet, so viele haben weder die Globalisierungskritiker von Attac noch irgendeine Gewerkschaft aufzubieten.

Wenn der Geistliche durch die engen Pfade läuft, an denen die Hütten aus Lehm und Wellblech stehen, wirbt Daniele ohne Unterlass für die Reise zum Anti-Weltwirtschaftsgipfel, der nur gut zehn Kilometer entfernt stattfindet. »Die Bewohner von Korogocho sind die wahren Opfer der Globalisierung, und deshalb dürfen sie bei einem solchen Treffen nicht fehlen.«

Der Grund für Danieles Engagement türmt sich gerade einmal hundert Meter von seiner Schule und der St.-John-Kirche entfernt meterhoch in den Himmel: Abfall aus dreißig Jahren, jeden Tag kommen anderthalb Tonnen hinzu. Auf der einzigen Müllkippe der Vier-Millionen-Stadt Nairobi gehen die Schwelbrände niemals aus. Tag und Nacht zieht dunkler Rauch über die Hütten der Bewohner von Korogocho, voller krebserregender Gase wie Dioxine und Furane. Auf der Halde von Korogocho landen die Hinterlassenschaften derer, die von Globalisierungskritikern »globale Konsumentenklasse« genannt werden: Auch eine Minderheit von Kenianern lebt im Überfluss, ihr Müllaufkommen nimmt seit Jahren zu. Dazu kommen die Abfälle von Touristenhotels und Flugzeugen, die hier billig entsorgt werden. Auch Krankenhausabfälle, abgelaufene Medikamente oder Altöl landen unbehandelt auf der Halde. Was mit ihrem Müll passiert, interessiert die Bewohner Nairobis wenig. Wer nicht unbedingt muss, verirrt sich nicht ins Labyrinth von Korogocho.

Die Anrainer der Halde, zwischen siebenhunderttausend und einer Million Menschen, gehören zur abgehängten Mehrheit der Bevölkerung. Zu ihnen zählt Moses Kiuna, der seit fünfundzwanzig

Jahren in einem fensterlosen Holzverschlag nicht weit vom Nairobi-Fluss entfernt lebt – eine dunkelbraune, stinkende Kloake, die sich durch die Siedlung schlängelt. Kiuna spricht nicht, er keucht. »Meine Lungen sind krank von dem giftigen Qualm, der von der Müllkippe überall hinzieht. Ich muss Medikamente nehmen, aber die sind teuer, und ich kann sie mir nicht immer leisten.« Die Ärzte machen Moses Kiuna keine Hoffnung. Solange er in Korogocho bleibt, sagen sie, ist seine Krankheit unheilbar. Eine tödliche Nebenwirkung des Lebens im Müll. »Jedes Jahr behandeln wir alleine in unserem Kirchenhospital zehntausend Patienten mit Atembeschwerden«, bilanziert Pater Daniele. Solange die Müllkippe nicht verlegt wird, wird sich daran kaum etwas ändern.

Doch die Politik stellt sich taub. Die Deponie sollte nie hier entstehen, aber inzwischen ist sie offiziell geduldet. Irgendwann einmal hat die Stadtverwaltung beschlossen, dass die riesige Müllkippe ausgerechnet dort, wo die Weltbank eigentlich eine Modellsiedlung finanzieren wollte, bleiben darf. Die Kippe, sagen die, die daran verdienen, sei also legal. »Legal oder illegal, es gibt auch einen gerechtfertigten Kampf innerhalb der Legalität«, sagt hingegen Pater Daniele.

Der Abgeordnete des Wahlkreises zeigt sich nur selten hier. Man munkelt, er verdiene dick mit am Geschäft mit dem Müll.

»Wir kämpfen gegen eine große politische Übermacht an«, umschreibt das Japheth Oluoch, der in St. John die Sonntagsschulklassen unterrichtet. Die Strukturen seien mafiös, viele Bewohner trauten sich nicht, den Mund aufzumachen. »Die Müllkippe wird von den Mungiki beherrscht, das ist Suaheli für ›Mob‹«, erklärt Oluoch. »Die Gang-Mitglieder sind schwer bewaffnet – viele Leute hier werden erschossen, das ist nichts Ungewöhnliches.« Doch trotz all dieser Einschüchterungen hat die Gemeinde von Opfern sich über die Jahre in eine schlagkräftige Bewegung von Aktivisten verwandelt. Auch wenn der wortgewaltige Pater Daniele weiß, dass im Kampf für eine müllfreie Zukunft Korogochos nicht alle auf seiner Seite stehen.

Längst ist in Korogocho eine Mikroökonomie entstanden, deren Grundlage die Müllhalde ist. Ganz unten in der Hierarchie stehen wandernde Müllsammler, »Aasfresser« werden sie hier genannt. Die meisten von ihnen sind Kinder wie der vierzehnjährige Joseph, der ein paar Stücke Gummi und Metall in einer schmutzigen Plastiktüte mit sich herumträgt. »Das reicht hoffentlich für ein Mittagessen«, meint der Junge, der gemeinsam mit seinem Freund Kevin jeden Tag aufs Neue das Risiko eingeht, von den Mungiki erwischt zu werden. Und das für eine absehbar magere Ausbeute: Die vier Fünftel des städtischen Mülls, die einfach wiederzuverwerten sind, gelangen gar nicht erst hierher, glauben Danieles Leute. In Korogocho landet nur der Bodensatz. »Oft ist ›Chombo‹ dabei, vergammelte Lebensmittel, die die Kinder essen«, erzählt Lehrer Oluoch. Jede Woche muss mindestens einer mit Lebensmittelvergiftung behandelt werden. Manchmal kommt jede ärztliche Hilfe zu spät.

Faith Kamene hat immerhin schon einen Stammplatz auf dem Müll ergattert. Von Sonnenauf- bis Sonnenuntergang gräbt sich die sechsfache Mutter

Zentimeter für Zentimeter in den Abfallberg und sortiert mit blanken Händen Glasscherben aus, die sie verkaufen kann. An einem guten Tag macht sie dreißig Eurocent. Ihre Kinder sitzen nicht weit entfernt und spielen im Gerümpel: Schule kann Kamene sich nicht leisten. »Ich will nicht, dass die Müllkippe geschlossen wird«, sagt sie. Von den Plänen der Bewegung um Pater Daniele hält sie wenig. »Wovon sollen wir dann leben, was sollen wir essen? Ich bin froh, dass wir die Müllhalde haben, sonst gibt es hier nichts.«

Die katholische Gemeinde hat einen Recyclinghof ins Leben gerufen, wo fairere Preise gezahlt werden und die Müllmänner und -frauen wenigstens grundlegende Arbeiterrechte genießen. Nach Pater Danieles Vorstellung soll das Projekt mitwandern, falls die Deponie eines Tages verlegt wird. Ein Platz ist dafür schon ausgewiesen, doch weil ein lokaler Politiker das Land anderweitig verschachert hat, muss vielleicht ein neuer Ort gefunden werden. Der Geistliche zieht seine Stirn kraus. »Die Müllarbeiter befürchten, dass sie nach einem Umzug ihren Job verlieren und diejenigen, die in der Nähe des neuen Platzes leben, das ganze Geld alleine machen wollen.« Wie im globalen Kampf gegen die Folgen der Globalisierung gibt es auch in Korogocho keine einfachen Lösungen, die es allen recht machen.

Auch deshalb will Daniele, dass möglichst viele Slumbewohner zum Weltsozialforum gehen. »Dort können sich unsere Leute mit anderen austauschen, die ähnliche Probleme haben und vielleicht neue Impulse für unseren weiteren Weg geben können.«

Mit Fetisch und der Harvard Business Review

Für den Sieg ist Afrikas Fußballfans jedes Mittel recht

An das entscheidende Match erinnert sich Stéphane, ein zierlicher Togoer, noch genau. Es dauerte Stunden, bis er sich die richtigen Worte zurechtgelegt hatte. Aus der Hemdtasche zieht er einen dunklen Stab mit einem kleinen Loch, in dem ein zweites Stück Holz steckt. »Dann habe ich meinen Wunsch für das Team hier in diesen Fetisch gesprochen und das Loch ganz fest verschlossen.« Wenige Stunden später tanzte Stéphane mit Zehntausenden anderen Togoern durch die Straßen von Lomé: Die WM-Qualifikation war geschafft, Voodoo sei Dank – davon ist nicht nur Stéphane überzeugt.

Als Stéphane mir seine Geschichte erzählt, ist es Frühjahr 2006. Ganz Afrika ist im Fußballfieber, vor allem die Nationen, die in ein paar Monaten »zu Gast bei Freunden« sein sollen, bei der Fußball-WM in Deutschland. Togo ist dabei, und man dankt den Göttern dafür. Im westafrikanischen Togo, einst deutsche Kolonie, gehört der Voodoo-Glaube bis heute fest zum Alltag. Die große Mehrheit der Togoer sucht regelmäßig einen *féticheur* auf: Priester einer urafrikanischen Religion, die mit der beseelten Natur im Kontakt stehen und für normale Menschen wie Stéphane als Mittler fungieren. Nicht weit von den Hochhäusern und Kathedralen Lomés entfernt, im Slum von Bé, markieren weiße Fahnen die Häuser der *féticheurs*, die auch Krankheiten heilen. Die Ausbildung dauert Jahre, die meisten Voodoo-Priester geben ihre Geheimnisse nur an ihre Söhne weiter.

Auf einem staubigen Platz gleich am Rand von Bé verkauft Joseph Hyänenköpfe, Schimpansenschädel, ganze Schlangen und getrocknete Chamäleons. Der Marché des Féticheurs wird nicht nur von Touristen, sondern auch von Voodoo-Praktizierenden aus ganz Afrika besucht. »Hier bekommen Sie alles, was Sie für eine spezielle Medizin brauchen, oder auch für einen bestimmten Fetisch«, erklärt Joseph, den sein üppiger Bauch als wohlhabenden Mann ausweist. Der Handel mit den oft seltenen oder aus anderen Gründen schwer zu bekommenden Pflanzen, Tieren oder ihren Bestandteilen lohnt sich offenbar. Kein Wunder, wenn Joseph recht hat: »Nur mit der Darreichung des richtigen Opfers lässt sich die gewünschte Wirkung erzielen, ohne das ist auch die beste Zeremonie wirkungslos.«

Einer von Josephs Kunden ist Benoit Guédenon. Der über sechzigjährige *féticheur* sitzt in einem versteckten Holzverschlag vor einem Voodoo-Schrein, den er erst vor wenigen Tagen geweiht hat. Guédenon hat Visitenkarten und ein Handy, er ist ein moderner Zauberer. »Die Menschen brauchen Voodoo für die Familie, die Liebe, den Beruf und für alle anderen Obsessionen«, erklärt er. Auch für den Fußball? »Natürlich, auch Fußball!« Selbst Fans aus Deutschland seien schon bei ihm gewesen, um etwas für ihre Elf zu tun, grinst Guédenon. Sein Angebot ist schier endlos. Vom Schrein zieht er einige Lederbeutel, die mit unidentifizierbaren Pülverchen gefüllt sind. Wer seinen Lieblingsspieler vor Unbill bewahren will, kann ihm solchen Schutz in Tüten kaufen. »Man muss den Beutel in der linken Hand halten, ihm den Namen der Person, die man schützen will, zuflüstern, und ihn dreimal gegen die Brust schlagen.« Dann ist Guédenon selbst dran: Er schlägt Metallglocken, wirft Kaurimuscheln, stimmt einen monotonen Gesang an. Sein Blick ist ernst und konzentriert.

Wer den Gegner schwächen will, setzt dagegen besser auf die großen, flachen Samen eines einheimischen Gewächses. Richtig behandelt und am Körper des Opfers versteckt, das versichert Guédenon, versetzen sie jeden in einen tiefen Schlaf. Doch nicht nur Fetische hat er zu bieten. »Wenn man wissen will, was in der Zukunft liegt, kann ich Kontakt mit den Ahnen und Geistern aufnehmen«, erklärt der *féticheur*. Allerdings dauere das oft Stunden, manchmal auch Tage. Die Geisterwelt hat ihre eigenen Regeln und Gesetze, die auch Guédenon nicht alle kennt. Eines beteuert er jedoch: Gegnern ernsthaft zu schaden, das ist nicht das Ziel der Geister. Guédenon hält eine der Holzfiguren hoch, die mit Nägeln gespickt auf seinem Hof stehen. »Diese Voodoo-Puppen mit Nadeln drin wie auf Haiti, mit denen Menschen gequält werden, die gibt es hier nicht.« Genau erklären, wozu die geschundenen Holzpuppen in Togo gebraucht werden, will er aber lieber nicht.

Beim togoischen Fußballverband will man von Guédenon und Konsorten nichts wissen. Messan Kodjo Attolou, der sehr moderne Sprecher der *équipe*, der vor dem staubigen Stadion Lomés aus seinem blank gewienerten Mercedes steigt, hat früher im staatlichen Fernsehen die Nachrichten gesprochen. Er ist der Inbegriff von Seriosität. »Manche Fans sind vielleicht so naiv, aber aus dem Team selber besucht keiner fétichéurs.« Nach langem Hin und Her räumt aber auch Attolou ein, dass der letzte Trainer – Stephen Keshi, ein Christ aus Nigeria – so entsetzt von den Voodoo-Ritualen vor jedem Spiel war, dass er schließlich Pfarrer engagierte, die vor dem Anstoß die Messe lasen. Ab da blieb das Team ohne Sieg, und Keshi musste gehen. Oder lag es vielleicht doch daran, dass sein Gehalt so selten ausgezahlt wurde?

Einer der Türsteher, der die Spielerlounge am Stade Omnisport bewacht, ist auskunftsfreudiger als der Fernsehmann Attolou. In den mit braunem Plüsch ausgelegten Hallen, über denen Kristalllüster hängen, würden vor wichtigen Spielen auch mal Rinder geopfert, flüstert der bullige Glatzkopf. »Hier sind immer mehrere Voodoo-Priester zu Gast, die für das nötige Glück im Spiel sorgen.« Eine Menge Geld fließt in die Voodoo-Rituale, so viel steht fest. »Viele fühlen sich auf dem Platz von der ersten Minute an unsicher, wenn es nicht die richtigen Rituale gibt.« Auch der Staat greift ein, wenn die angeblich nicht vorhandenen Voodoo-Rituale gegen die eigene Mannschaft gerichtet sind. Unmittelbar vor dem WM-Qualifikationsspiel nahm Togos Polizei acht *fétichéurs* fest, die das Gastteam aus Kongo-Brazzaville zu seinem Schutz mitgebracht hatte. Togo gewann zwei zu null.

»Die waren halt das bessere Team«, lacht Sly Tetteh, der mit einer leicht angegilbten Ausgabe der *Harvard Business Review* die stehende Luft in Bewegung bringt. Tetteh ist Ghanaer, er lebt und arbeitet in Accra, kaum hundertfünfzig Kilometer von Lomé entfernt. Doch Tetteh glaubt nicht an Voodoo, sondern nur an eines: professionellen Fußball europäisch-lateinamerikanischer Prägung. Seinen bislang besten Fang hat der Talentsucher und Manager auf einem staubigen Fußballplatz im Hinterland von Accra gemacht. »Ich habe Michael Essien bei einem Schulturnier spielen gesehen und gewusst: Den will ich haben.« Kurz vor der WM ist Essien vierundzwanzig Jahre alt und Star der ghanaischen Elf, die in Deutschland erstmals bei einer WM-Endrunde antritt. An Olympique Lyon zahlte der britische Club Chelsea London achtunddreißig Millionen Euro Ablöse für Essien, mehr als je zuvor in Chelseas Vereinsgeschichte. »Und Michael Essien ist kein Zufallsprodukt.« An jedem Wochenende reist Tetteh durch die Slums, wo er auf Straßen und Bolzplätzen nach neuen Talenten Ausschau hält. Wenn ihm ein Spieler gefällt, macht er ihm ein unwiderstehliches Angebot. »Wir holen die Talente ins Vereinsheim, wo sie ordentlich trainieren können.« Manche sind erst zehn Jahre alt, wenn sie entdeckt werden, und werden systematisch aufgebaut. »Im Moment habe ich hier sicher sechs, sieben Michael Essiens.«

Tettehs eigener Club, die Liberty Professionals, sind das Ergebnis eines amerikanischen Traums. In den neunziger Jahren hat Tetteh Informatik studiert, an der Liberty-Universität in Lynchburg, Virginia. Als er vor zehn Jahren nach Hause zurückkehrte, gab er das Programmieren auf und begann damit, ein Fußballimperium aufzubauen. »Ich hatte ein klares Ziel vor Augen: ein junges Team zu gründen, das nach anderen Regeln funktioniert als die alten Clubs.« Tetteh engagierte Trainer, die vorher für die Nationalmannschaft oder im Ausland gearbeitet hatten. Mit ihnen setzte er seine Idee vom »wissenschaftlichen Fußball« um. »Viele Trainer in Ghana arbeiten einzig und allein an der Technik der einzelnen Spieler, aber ein ordentliches Teamplay ist mindestens genauso wichtig.« Seine Liberty-Spieler, so Tetteh, verbrächten ebenso viel Zeit im Klassenraum wie auf dem Fußballfeld.

Das gilt nicht nur für die Fußballtheorie. Tetteh verlangt von seinen Spielern, dass sie nebenher die Schule besuchen. Zumindest den Volksschulabschluss sollen alle machen. »Achtzehn Schülern haben wir Stipendien für ein Internat im Norden beschafft, wo die Jungs ordentlich lernen – in den Ferien kommen sie dann zu uns ins Vereinsheim, wo wir Zimmer für sie haben.« Für Spiele während des Semesters holt der Liberty-Bus die Fußballer ab und bringt sie wieder zurück. Der Unterrichtsausfall soll so kurz wie möglich sein. Dabei würden die meisten Jugendlichen vermutlich am liebsten ohne Pause im schicken Vereinsheim am Stadtrand von Accra bleiben, das mit allen denkbaren Fitnessgeräten ausgestattet ist. Im Gruppenraum steht ein riesiger Fernseher, auf dem Spiele verfolgt und analysiert werden können. All das hat Tetteh Geld gekostet, viel Geld. Doch Tettehs Bilanzen zeigen schwarze Zahlen. »Wir haben einen Sponsor gewonnen, der uns einiges finanziert«, strahlt der geschäftstüchtige Vereinspräsident. Zudem produziert Tetteh im großen Stil Fanbekleidung, die er im eigenen Laden verkauft. Sein modernes Stadion vermietet er gegen Cash an andere Teams. Am meisten Geld bringen seine Spieler. »Einen Großteil unserer Einnahmen machen wir, wenn Liberty-Fußballer ins Ausland abgeworben werden.« Neun lukrative Spieler hat der Verein in seiner zehnjährigen Geschichte nach Europa und anderswo verliehen, fünf verkauft.

In Ghana, wo der Durchschnittsarbeiter weniger als einen Euro am Tag verdient, ist Fußball eine der wenigen Hoffnungen, der Armut zu entgehen. »Hier wird überall Fußball gespielt, und warum? Weil die Leute so arm sind, dass sie nichts anderes haben«, bilanziert Tetteh. Dass ihm Kritiker vorwerfen, wie ein moderner Menschenhändler zu agieren, ärgert ihn. »Die Leute wollen ein besseres Leben, und das kriegen sie im Moment nur außerhalb von Ghana.« Im Fußball, sagt Tetteh, sei es wie in jedem anderen Beruf: »Wer gut genug ist, der geht ins Ausland.« Tetteh und die Liberty Professionals haben einen guten Ruf: Renommierte Vereine aus der ganzen Welt rufen inzwischen an, wenn sie Verstärkung suchen. Jeden Tag stehen deshalb Jugendliche vor seiner Tür, die sich als Spieler bewerben. Einer von ihnen ist Fredrick Obpoku. Zwischen einfachen Blechhütten und Müllbergen trainiert der Zwölfjährige jeden Nachmittag drei Stunden lang. Auch dann, wenn der Lehmplatz nahe des Hafens von Accra nach einem Regenguss im Schlamm versinkt. »Jedes Wochenende bin ich auf einem Turnier, und eines Tages werde ich entdeckt, vielleicht von Liberty«, gibt sich der Mittelfeldspieler zuversichtlich. Sein achtzehnjähriger Freund und Trainer Paul Bentil Johnson, der viel Motivation, aber keine Ausbildung mitbringt, glaubt: »Wenn man hart arbeitet und wirklich an sich glaubt, kann man es schaffen. Nur wer faul ist, muss hungern.«

Wo das Geld vom Himmel fällt

In einem namibischen Dorf bekommt jeder einen
Scheck vom Staat – tun muss man dafür nichts

Wenige Tage vor Monatsende ist im Shop von
Steven Eigowab wie immer wenig los. Die Regale
sind leer, das kleine Lager auch. Doch das stört
niemanden, denn durch die Tür, wo die trocke-
ne Mittagshitze sich mit der relativen Kühle des
Ladens vermischt, ist seit dem Morgen kein Kun-
de gekommen. Eigowab zuckt mit den Schultern.
»Kurz vor Monatsende ist es immer dasselbe:
Alle warten auf neues Geld.« Damit bezahlen die
Kunden das, was sie im Lauf der vergangenen
Wochen bei Eigowab haben anschreiben lassen.
Mit dem Geld kauft Eigowab neue Waren, und
der Kreislauf beginnt von vorne. Sorgen um die
Kreditwürdigkeit seiner Kunden muss sich der
Kaufmann seit Anfang 2008 nicht mehr machen.
Seitdem nämlich fließt das Geld in Otjivero, einer
Zwölfhundert-Seelen-Gemeinde gut hundert Kilo-
meter östlich von Namibias Hauptstadt Windhuk,
garantiert. Jeder Bürger erhält monatlich hundert
Namibia-Dollar, umgerechnet sind das acht Euro.
Reich ist man damit nicht, aber leben kann man
davon, vielleicht ein bisschen mehr. Tun müssen
die Empfänger dafür nichts, es gibt keine Bedingungen und kein Kleingedrucktes. Wer in Otjivero
lebt, bekommt das Geld. So einfach ist das.

Eigowab konnte es selbst kaum glauben, als vor
mehr als einem Jahr der angesehene Bischof Ze-

phania Kameeta im schäbigen Otjivero auftauchte und den Geldsegen versprach. »Ich habe das Misstrauen gespürt«, sagt Kameeta. Der auf dem Dorfplatz versammelten Menschenmenge rief der Zweiundsechzigjährige deshalb irgendwann zu: »Ich bin nicht den langen Weg aus Windhuk hierhergekommen, um zu lügen, dafür bin ich zu alt.« Die Leute staunten, und Kameeta, eine Art namibischer Desmond Tutu, grinst noch heute über seine Spitzbübigkeit. Richtig ernst genommen, sagt Kameeta, haben die meisten ihn aber wohl erst, als Monate später die Zählung der Bürger begann. »Das ganze war eine Nacht-und-Nebel-Aktion, selbst die Helfer haben wir erst unmittelbar vor der Abfahrt aus Windhuk informiert«, erinnert sich Dirk Haarmann, der gemeinsam mit seiner Frau Claudia das Projekt zum Grundeinkommen in Otjivero im Auftrag der Evangelisch-Lutherischen Kirche Namibias begleitet.

Mit der Geheimnistuerei sollte verhindert werden, dass Verwandte und Bekannte in Otjivero einströmen, um von dem weltweit einzigartigen Modellprojekt zu profitieren. Denn nur wer am Stichtag registriert wurde und jünger ist als sechzig Jahre, bekommt das Geld: genau neunhundertdreißig Menschen. Rentner, die bereits eine staatliche Grundversorgung erhalten, bleiben außen vor. Ansonsten kriegt jeder das Grundeinkommen, vom Säugling bis zum Familienvater, vom Bettler bis zum Millionär. »Das Grundeinkommen befreit die Menschen vom täglichen Existenzkampf«, erklärt Haarmann, der aus dem rheinischen Mettmann stammt und seit fünf Jahren in Windhuk lebt. »Hunger macht ökonomisch keinen Sinn«, glaubt der ordinierte Theologe, der auch Soziologie studiert hat. »Nur wer nicht hungert, wird wirtschaftlich aktiv und kann sich selbst aus der Armut befreien.« Damit stützt er den Bericht einer staatlichen Kommission, die der namibischen Regierung schon vor sechs Jahren die Einführung des Grundeinkommens für jeden Bürger zur Lösung der sozialen Schieflage im Land empfohlen hat. »Aber die Regierung hat gezögert und gezögert, bis Kirchen, Gewerkschaften und Verbände gesagt haben: Jetzt wollen wir einfach mal einen Feldversuch wagen.« Bis Ende 2009 läuft das Modellprojekt in Otjivero.

Finanziell, so hat Haarmann ausgerechnet, wäre die flächendeckende Einführung des Grundeinkommens kein Problem. Das ehemalige Deutsch-Südwestafrika hat eines der höchsten Pro-Kopf-Einkommen Afrikas. Hier liegen die Diamanten förmlich in der Wüste herum, nur dass die Wüste mit hohen Zäunen abgesperrt ist in Areale, die Sperrgebiete heißen. Deshalb ist die Schere zwischen Arm und Reich kaum irgendwo größer als in Namibia: Zwei Drittel der Namibianer leben unterhalb der Armutsgrenze, ein Drittel der unter Fünfjährigen ist mangelernährt. Maximal vier Prozent des Bruttosozialprodukts wären nötig, so glaubt Haarmann, um die Lage grundlegend zu ändern. Finanziert werden soll das Grundeinkommen über Steuern, die Reiche stärker belasten, und über Einsparungen: Weil jeder das Gleiche bekommt, sind keine Überprüfungen nötig, kein bürokratischer Überbau. Das macht das Grundeinkommen für den Staat attraktiv.

Einer der Profiteure in Otjivero ist John Thomason, der in der Morgensonne seine einjährige Tochter Hildegard auf dem Arm hält. »Ich kann jetzt einen alten Pick-up abbezahlen.« Sein Hof ist übersät mit Ersatzteilen, mit Autos kennt Thomason sich aus. Doch das Kapital, mit seinem Wissen etwas anzufangen, fehlte ihm bisher. »Wenn Leute in die Stadt wollen, ins funfzig Kilometer entfernte Gobabis, dann lade ich sie auf die Ladefläche und fahre sie dorthin.« Zehn Namibia-Dollar verlangt er für die Hin- und Rückfahrt, bis zu zwölf Personen bekommt Thomason locker zusammen: Wegen des Grundeinkommens gibt es auf einmal zahlende Kunden. In der ersten Woche nach der Auszahlung ist Thomason meist täglich unterwegs, den Rest der Zeit unternimmt er gelegentlich Botenfahrten nach Windhuk. Wenn er seine Kosten abrechnet, bleibt genug zum Leben und für das Schulgeld für seine drei anderen Kinder. »Mir geht es besser als früher«, sagt der Dreiundvierzigjährige. Da hat er wie die meisten in Otjivero gar keine reguläre Arbeit gehabt. Seine Frau hat auf dem schmalen Streifen staubiger Erde, der das Dorf von den hohen Zäunen der benachbarten Farmen trennt, versucht, ein bisschen Gemüse anzubauen. Zu denen, die gewildert haben, will Thomason selbst nicht gehören, obwohl er Verständnis für die in der Nachbarschaft verschrienen Viehdiebe hat. »Die haben ja nicht wirklich gewildert, nur ab und zu eine Antilope oder so etwas ins Dorf gebracht.«

So sehr als Dorf von Ganoven und Taugenichtsen war Otjivero verschrien, dass die Leute Haarmann vor dem Start des Projekts gefragt haben, warum er gerade diesen Ort für ein Modellprojekt ausgewählt hat. »Ein Pfarrer hat mich gewarnt: Dieses Dorf ist ein Krebsgeschwür, geht da nicht hin«, erinnert sich Haarmann. Inzwischen, berichten manche Dörfler stolz, seien die Farmer aus den Nachbardörfern ab und an gar bereit, Leute aus Otjivero als Erntehelfer oder Handlanger einzustellen. »Das wäre früher nicht möglich gewesen«, frohlockt Steven Eigowab. Eigowab ist Chef des achtzehnköpfigen Komitees, das die Dorfbewohner kurz nach der Zählung gewählt haben. Die Idee hatten sie selbst, »um das Projekt zum Erfolg zu machen«, sagt Eigowab. Das Komitee half mit, bei der ersten Geldausgabe Ordnung zu schaffen: Sonst wären viele der Wartenden wohl zertrampelt worden bei dem Ansturm auf die Kasse. Inzwischen weiß jeder, dass genug Geld für alle da ist. Das zweite Problem ist delikater: die richtige Verwendung. »Wir wollen nicht, dass alle ihr Geld gleich am Ausgabetag versaufen.« Genau das nämlich werfen die Kritiker dem Projekt vor: Den Untätigen werde Geld in den Rachen geworfen. Anstatt Arbeit zu belohnen, werde Untätigkeit finanziert. Und tatsächlich feierten die dreizehn Kaschemmen, *Shebeens* heißen sie hier, am Abend des ersten Ausgabetags das Geschäft ihres Lebens. Wegen Alkoholismus und »ungebührlichen Verhaltens« nahm die Polizei ein paar Bewohner mit in die Ausnüchterungszelle. Andere trugen ein paar Tage später stolz ein neues Handy oder ein anderes Konsumgut zur Schau. »Aber spätestens wenn einer den Nachbarn um einen Kredit angehauen hat, kam die Antwort: Wieso, du hast doch auch deine hundert Dollar bekommen«, so Eigowab. Am Zahltag Nummer zwei sei es entsprechend ziviler zugegangen. Das lag vielleicht auch daran, dass Eigowab und sein Komitee nicht müde wurden, an den Tagen davor warnend von Haus zu Haus zu ziehen: Verschwendet nicht euer Geld.

Der Zwischenbericht, den Bischof Kameeta der namibischen Regierung vorlegte, zieht für die ersten sechs Monate eine fast enthusiastische Bilanz. Der Prozentsatz mangelernährter Kinder ist demnach von zweiundvierzig auf siebzehn Prozent gefallen. Die Zahl der Eltern, die Schulgeld bezahlen, hat sich verdoppelt: Statt bisher vierzig brechen nur noch fünf Prozent der Kinder die Schule ab. Auch Gesundheit steht ganz oben auf der Prioritätenliste: Die Zahl derjenigen, die vier Dollar für einen Arztbesuch auf den Tisch legten, hat sich seit Januar verfünffacht. Das für die Nachhaltigkeit des Projekts vielleicht wichtigste Ergebnis: Mit ihrer Arbeit ist es den Bewohnern gelungen, ein Gesamteinkommen zu erzielen, das über der Summe des ausgezahlten Grundeinkommens liegt. Die Kriminalität in und um Otjivero ging unterdessen um zwanzig Prozent zurück.

Mit solchen Argumenten, hofft Eigowab, wird man die Regierung in anderthalb Jahren von einer Ausweitung des Projekts überzeugen können – trotz kraftvoller Gegenspieler, allen voran der Internationale Währungsfonds. »Die haben der Regierung die Kosten für das Grundeinkommen künstlich hochgerechnet und das mir gegenüber so begründet: Wir sind halt gegen das Prinzip«, ärgert sich Haarmann bis heute. Im einst so gefürchteten Otjivero mehren sich hingegen andere Sorgen. »Uns geht es jetzt gut«, flüstert Joseph

Kanep, der vom Grundeinkommen gerade sein Haus repariert. »Aber wir müssen uns schützen vor Schmugglern, Drogendealern und Banditen, die uns den Reichtum nehmen wollen.« Für den Aufschwung in Otjivero gibt es vielleicht keinen besseren Beleg als die neue Angst, die Kanep mit vielen seiner Freunde teilt.

Schwedenhäuschen in der Hölle

*Wer in Goma überleben will, der muss ein bisschen
verrückt sein – so wie Mama Rafiki*

Der Geländewagen rumpelt hin und her, während der Fahrer sich den Weg durch die schiefen
Straßen von Goma bahnt. Ausnahmsweise sind es
nicht die im Kongo so verbreiteten Schlaglöcher,
die die Fahrt beschwerlich machen, sondern erstarrte Lava, die sich beim großen Vulkanausbruch
2002 über den Asphalt geschoben hat. Dort liegt
sie bis heute. »Damals haben die Leute gesagt: Wie
gut, dass der Vulkan ausbricht, dann haben wir
wenigstens ein paar Tage lang Ruhe vom Krieg«,
grinst Gavin Braschi, ein katholischer Priester, der
für die Salesianer des Don-Bosco-Ordens in Goma
arbeitet. Der Bürgerkrieg, der Mitte der neunziger Jahre begann, hat aus dem einst reichen Handelszentrum im Osten Kongos ein großes Flüchtlingslager gemacht. Die Einwohnerzahl hat sich
auf fast eine Million vervierfacht. Immer wieder
kämpfen Rebellen im Umland gegen Truppen der
kongolesischen Armee. »In der Stadt haben wir
nur deshalb keine offenen Gefechte, weil hier UN-
Truppen stationiert sind«, seufzt Braschi. Doch ob
das reicht, damit der brüchige Frieden zwischen
den Lavabergen wirklich hält, ist derzeit ungewisser denn je.

Auf Frieden und Stabilität, die Präsident Joseph Kabila bei einer Rede hier auf dem Flugplatz
einst versprochen hat, warten die Bewohner von

Goma immer noch vergeblich. Durch die mit bunten Ständen gefüllten Ruinen der alten Markthalle von Goma wabern immer wieder Gerüchte von neuen Angriffen. Rebellenführer Laurent Nkunda, der seit Jahren Angst und Schrecken in der Region um den Kivusee verbreitet, ist der am meisten gefürchtete Feind, dicht gefolgt von der quasi unkontrollierten Regierungsarmee. Der Kohlenhändler Philippe ist nach Goma geflohen, als Nkunda gerade die Stadt Bukavu gut zweihundert Kilometer weiter südlich, am anderen Ende des Kivusees, eingenommen hatte. »Nkundas Leute sind durch die Stadt gezogen, haben Frauen vergewaltigt, Läden geplündert und Häuser angesteckt«, erinnert er sich an den brutalen Überfall. Die kongolesische Armee habe die Stadt in Panik verlassen, da sei auch er geflohen. »Es gab auch UN-Blauhelme in Bukavu, aber die haben nichts unternommen.« Dass Nkunda eines Tages auch Goma erobern könnte, macht Philippe Angst. »Aber ich kann doch nicht schon wieder alles aufgeben, was ich mir mühsam aufgebaut habe.«

Längst haben sich die Flüchtlinge in den zumindest einigermaßen geschützten Lagern eingerichtet – an einen baldigen Frieden glauben sie nicht mehr. Lucille etwa hat ihren Mann und ihren Sohn bei einem Angriff der Rebellen im Mai verloren. »Ich habe mindestens hundert Leichen gezählt, und viele mehr haben sie einfach in die Brunnen geworfen«. Wie sie selbst es geschafft hat, bis in ihr Lager nahe der ruandischen Grenze zu kommen, weiß sie nicht mehr genau. Aber zurück, das weiß sie, will sie nicht. Was genau Laurent Nkunda mit seinen Angriffen im Osten Kongos erreichen will, ist ungewiss. Der ethnische Tutsi gehört zu den Generälen, die einst als Statthalter Ruandas in der mächtigen »Sammlungsbewegung für ein demokratisches Kongo« (RCD-Goma) gekämpft haben. Zwischen 1998 und 2003 kontrollierte die ethnische Tutsi-Armee die reichen Minen im Ostkongo. Doch der politische Arm der RCD ist längst in der politischen Bedeutungslosigkeit verschwunden. Nkundas Soldaten hätten in die staatliche Armee integriert werden sollen, doch stattdessen sind sie desertiert. Um Nkunda haben sich diejenigen gesammelt, die auf eine andere Regierung hoffen oder aber wegen ihrer Kriegsverbrechen Angst vor Prozessen haben. Die korrupte Regierung in Kinshasa will er stürzen, und vorher noch die Hutu-Extremisten aus dem Kongo vertreiben, die für den Völkermord in Ruanda 1994 Verantwortung tragen. Dass Nkunda jemals aufgibt, ist unwahrscheinlich, weil es für ihn und seine Anhänger keine Alternative gibt.

Die Hoffnung auf eine bessere Zukunft aufgeben will man in Goma dennoch nicht. Inmitten der Lava, die sich am Stadtrand auch mal einen halben Meter hoch türmt, ziehen Vertriebene derzeit in eine Art Mustersiedlung aus skandinavisch anmutenden Holzhäusern ein. In Nummer 303 etwa wohnt Mama Rafiki, eine lebensfrohe Achtzehnjährige, die ihren Sohn auf dem Arm trägt. »Ich lebe in schwierigen Zeiten, aber deshalb muss ich ja nicht meinen Sinn für Schönheit verlieren«, lacht die junge Mutter und präsentiert stolz ihr neues Zuhause. Rund um den Garten hat sie eine Mauer aus Lavastein gezogen, an den Hauswänden rankt ordentlich gestutzter Efeu. Wäre es nicht Goma,

Mama Rafikis Reich könnte aus einem Ferienhauskatalog stammen. »Die Frauen zahlen einen Teil der Baukosten ab, danach gehört ihnen das Haus«, erklärt der Salesianer Braschi. Damit die Flüchtlingssiedlung nicht zum Ghetto wird, werden die Bewohnerinnen – meist sind es Frauen – dazu ermuntert, ihre Grundstücke nach eigenem Gusto zu dekorieren. »Die Besitzer müssen sich auch um ihre Einrichtung kümmern, wir machen hier kein Disneyland«, sagt Braschi. Ihre drei mit dünnen Holzwänden abgeteilten Räume hat Mama Rafiki denn auch mit Ausschnitten aus Zeitungen und Plakaten von Präsident Joseph Kabila dekoriert. Rafikis Mann verdient als Gelegenheitsarbeiter ein paar kongolesische Francs am Tag, sie selbst schließt gerade ihre Mechanikerausbildung ab. Mit viel Geduld arbeiten die Rafikis an ihrem kleinen Glück. An einen Überfall, an die Flucht vor Rebellen mag Mama Rafiki nicht denken. Viel lieber stellt sie sich vor, wie es eines Tages sein wird, wenn sie als gelernte Kraft die Hauptverdienerin im Haushalt ist.

Noch sind siebzehntausend Soldaten der UN-Mission MONUC im Ostkongo stationiert, es ist der größte Einsatz seiner Art weltweit. Trotz des Debakels von Bukavu gilt die Truppe im Osten als Garant für wenigstens ein bisschen Frieden. Doch die Gesamtzahl der Rebellen im Osten Kongos wird auf siebzigtausend geschätzt, darunter Milizen aus dem Kongo, aus Ruanda, Uganda oder dem Südsudan. Alle sind bis an die Zähne bewaffnet, mal kämpfen sie mit-, mal gegeneinander. Der Anreiz, im Kampf gegen UN-Truppen und Regierungsarmee sein Leben zu riskieren, ist hoch. Gold, Diamanten, Kupfer oder Coltan liegen im Ostkongo buchstäblich zum Greifen nah unter der Erdoberfläche. Nach Jahrzehnten der Anarchie kontrollieren Banden in vielen Orten bis heute den lukrativen Schmuggel der Rohstoffe, die von Kindern und anderen Lohnsklaven im Tagebau abgebaut werden. Auch die Kontrolle des Holzeinschlags im Kongobecken steht noch ganz am Anfang. Die Staatsvertreter sind fast zwangsläufig korrupt: Steuereinnahmen, die nach Jahren des Verfalls zum Bau von Straßen und anderer Infrastruktur dringend gebraucht würden, gibt es kaum.

Dabei gibt es Geld genug im Kongo, es gehört nur sehr wenigen. Von Mama Rafikis Schwedenhäuschen aus betrachtet auf der anderen Seite der Stadt spiegeln sich Villen in der glänzenden Wasserfläche des Kivusees. Vor den protzigen Neubauten stehen bewaffnete Wachen, die schweren Tore sind mit Metallspitzen gesichert. »Es sind vor allem Politiker, die sich hier an der kongolesischen Riviera ihre Ferienhäuser bauen«, weiß Rafiki. Am Wochenende fliegen viele von ihnen hierher, um der hektischen, schwülen Hauptstadt Kinshasa für ein paar Stunden zu entfliehen. Die Bauwut der neureichen Politiker macht die angehende Mechanikerin nicht nur wütend, sondern gibt ihr auch ein bisschen Hoffnung. »Wer in Goma baut«, so glaubt sie, »der hat schließlich auch ein ganz persönliches Interesse an mehr Stabilität in der Region.«

Die mächtigste Oma der Welt

In Kogelo, wo Barack Obamas Großmutter lebt, fühlt sich das ganze Dorf als US-Präsident

»Neue Häuser brauchen wir«, sagt einer der Bauern, die in Kogelo jeden Abend wieder an der Bar stehen. »Im Heimatdorf des US-Präsidenten können wir doch nicht in Grashütten leben.« In dem kleinen Dorf im Westen Kenias, wo grasbedeckte Hütten den staubigen Feldweg säumen und am Markt zwischen Bretterbuden Ziegen meckern, fühlt man sich kollektiv als US-Präsident. Kogelo ist mehr als zehntausend Kilometer Luftlinie von Washington, D.C. entfernt, vom Glanz des Weißen Hauses sogar ganze Welten. Und doch betrachten die Bewohner hier, wo Barack Obamas Vater begraben liegt und Großmutter Sarah lebt, Kogelo als eigentliche Heimat des Mannes, der mit seinem Wahlspruch »Yes we can« ganz Afrika bewegt hat.

»Er kam hierher und sprach fehlerfrei in Englisch und Luo mit uns«, schwärmt der Direktor der Dorfschule, Manas Njuyo, von Obamas Besuch in Kogelo vor ein paar Jahren. »Wenn wir heute auch nur ein Bild von ihm sehen, sind wir begeistert und freuen uns. Obama ist ein echter Held, jemand, den die ganze Welt kennt.« Njuyos Schule wurde kurzerhand in Senator-Obama-Schule umgetauft, Obama selbst enthüllte die Messingplakette. »Seitdem haben wir wahnsinnigen Zulauf, statt früher vierzig sitzen heute mehr als sechzig Kinder in einer Klasse.« Jeder hier hofft, dass auch nur ein bisschen des Obama-Ruhms auf ihn abfallen möge. Nicht nur die Schule ist nach dem berühmtesten Enkel des Dorfes benannt. Auch auf den meisten Marktständen prangt sein Name, das in der Hauptstadt Nairobi gebraute »Senator«-Bier ist zum Lieblingsgetränk der Dorfbevölkerung avanciert. »Bitte ein Obama«, so bestellt man die warmen Flaschen in den Kneipen korrekt. Lieblingshühner, -lämmer und -rinder heißen hier Obama, von den Neugeborenen nach dem 4. November 2008 ganz zu schweigen. Kenias Tourismusagentur will das nach den jüngsten Unruhen angeschlagene Image des Landes dadurch aufpolieren, dass künftig ganze Busladungen von Obama-Touristen in Kogelo abgeladen werden, auf den Spuren des ersten schwarzen US-Präsidenten. Dass der hier nie gelebt hat und ganze drei Mal zu Besuch war, tut nichts zur Sache.

Inmitten des Trubels um ihren Enkel steht Sarah Obama wie ein Fels in der Brandung. Stets freundlich und zurückhaltend ist sie, und die Geduld in Person. In einem einfachen Kleid steht sie vor ihrem Haus und pumpt Wasser, oder sie erntet Mais im Feld direkt hinter der Terrasse. Für die Verhältnisse von Kogelo hat Oma Obama ein luxuriöses Anwesen: Das kleine Haus aus Stein ist frisch gestrichen, auch das eigene Bohrloch ist nichts Selbstverständliches. Den Zaun hat die Polizei zu ihrer Sicherheit gebaut, nachdem bei Oma Sarah beinahe eingebrochen wurde. In einem Zelt am einzigen Tor sitzen rund um die Uhr sechs Polizisten. Auf dem Dach sind einige Solarzellen befestigt. Strom kommt bei Oma Obama neuerdings aus der Steckdose. Gleich nach dem Wahlsieg ihres Enkels kam die staatliche Stromgesellschaft und hat ihr eine Leitung gelegt. Der Rest des Dorfes ging leer aus. Das, sagt Sarah Obama und schüttelt missbilligend den Kopf, findet sie nicht gut.

Im kleinen Wohnzimmer hängen Obama-Poster, eines ist handsigniert. »Als mich Barack zum ersten Mal hier besucht hat, da konnte ich mir nicht vorstellen, dass er einmal ein so bedeutender Mann wird«, gesteht Oma Sarah ein, während sie die rauen Schalen von den Maiskolben schneidet. Da war er Mitte zwanzig und sah das Heimatland seines Vaters zum ersten Mal. Als Barack gerade zwei war, trennten sich sein Vater Barack Obama senior und die US-amerikanische Mutter, die in Indonesien erneut heiratete. Mit zehn schickte sie Barack junior zu den Großeltern in die USA. Seinen Vater sah der junge Obama nie wieder: Als er nach Kogelo kam, lag der schon begraben in seiner Heimaterde gleich neben Sarah Obamas Haus. Doch seine Wurzeln, sagt Oma Obama, hat ihr Enkel nie vergessen: »Er hat mich gleich angerufen, als er sich entschieden hatte, seine Frau Michelle zu heiraten.« Bevor die beiden den Bund fürs Leben schlossen, kam Obama zum zweiten Mal nach Kogelo – mit seiner Verlobten. »Ich erinnere mich, wir mussten auf dem Fußboden schlafen«, offenbarte Michelle Obama lachend bei ihrem Keniabesuch vor anderthalb Jahren. »Meinem Mann war sein kenianisches Erbe immer wichtig, auch wenn er selbst zugibt, seinen Vater kaum gekannt zu haben.« In Kogelo erzählt man sich, die Rechtsanwältin habe damals lernen müssen, wie man ordentlich in einem Lehmkrug Wasser aus dem Fluss schöpft und nach Hause trägt – auf dem Kopf, versteht sich. »Beide sind so bescheidene Menschen, sie haben damals Maisbrei und Gemüse gegessen wie alle hier«, erinnert sich Sarah Obama. Auf ihrem Hof liegt seitdem ein Stück Land brach. Hier soll Barack Obama eines Tages seine »Löwenhütte« bauen, wie es bei den Luo im Westen Kenias der Brauch ist. Die zeremonielle Hütte ist umso wichtiger, als die Ältesten in Kogelo Obama zu einem der ihren gemacht haben – ohne die übliche stundenlange Zeremonie, dazu fehlte dem damaligen Senator auf seinem Staatsbesuch die Zeit. »Aber einen traditionellen Stuhl und einen Stab haben sie ihm überreicht.«

Hunderte Interviews musste die berühmteste Oma der Welt in den Monaten bis zum Wahltag geben, an die genaue Zahl erinnert sie sich nicht. Ihr und den Bewohnern war da das Staunen über die blitzende Technik von Dutzenden Übertragungswagen im Dorf längst vergangen, obwohl die meisten hier nicht mal ein Radio besitzen. Die Journalisten aus dem Ausland waren geduldet als »big business«, oder zumindest als einziges Business weit und breit, wo man *kidogo,* ein klein wenig, verdienen konnte. Und die gute Laune verging den Bewohnern bis zum Schlussspurt sowieso nie. »Die Welt soll sehen, wie wir uns freuen«, meint Henry, ein junger »Businessman« mit Fahrrad, am Wahltag im kenianischen Privatradio *Kiss FM*. Klar, irgendwie fand er es schon komisch, als kürzlich aus dem Nichts ein Scheinwerfer aufflammte und die Szenerie unter einem großen Mangobaum am Rande Kogelos erhellte, wo er gerade mit seiner Freundin knutschte. »Überall sind Kameras, alles wird gefilmt, und dann gibt es noch die Journalisten, die mit ihren Notizblöcken durch die Gegend streifen und nach irgendetwas suchen, was noch niemand aufgeschrieben hat.« Ein Dorf unter Belagerung sei Kogelo irgendwie, aber: »Cool ist es trotzdem.«

Dann kam die entscheidende Nacht. Die sechsundachtzigjährige Oma Sarah saß mit dem Rest der Dorfbewohner vor der Großbildleinwand, die ein kenianisches Medienunternehmen in Kogelo aufgestellt hatte. Es regnete, aber alle harrten aus, zusammengemummelt in dünnen Plastikjäckchen, die den tropischen Schauern kaum standhalten konnten. Dann, kurz vor Sonnenaufgang, ging endlich das erhoffte Jubeln durch die Menge. »Wir ziehen ins Weiße Haus, wir ziehen ins Weiße Haus«, sangen alle, auch Oma Sarah. Danach tanzte sie erstaunlich behände um ihr Haus, während das ganze Dorf Freudengesänge und Gebete anstimmte. »Mein Enkel liebt die Menschen so sehr wie sein Vater, deshalb ist er gewählt worden«, ist sich Sarah sicher. Sie hat ein Glänzen in den Augen wie jede Oma, die über ihr erfolgreiches Enkelkind spricht. »Er arbeitet hart, und er ist ein guter Christ.«

Im Erfolg von Obama wollen sich auch Kenias eher ungeliebte Politiker sonnen. Premierminister Raila Odinga, der nicht weit von Kogelo entfernt geboren ist, ließ kurz vor der US-Wahl lancieren, er und Obama seien verwandt. Dann schwebte er unangekündigt per Helikopter bei Oma Sarah Obama ein, die Medien hatte er gleich mitgebracht. Präsident Mwai Kibaki erklärte den Tag nach der

US-Wahl zum Feiertag und ließ eine Woche später mitteilen, er sei der erste afrikanische Politiker überhaupt, den Obama angerufen habe. Das Gegenteil war, zum Glück für Kibaki, schwer zu beweisen. Kein Pardon kennt die Regierung mit Obamas Kritikern: Als der Amerikaner Jerome Corsi sein Buch »Obama-Nation: Linke Politik und Personenkult« in Nairobi vorstellen wollte, wurde er noch am Flughafen abgeführt. Stundenlang saß er fest. »Wir wissen auch nicht, was wir mit ihm tun sollen«, sagte ein Immigrationsbeamter. Irgendwo, angeblich ganz oben, fiel dann die Entscheidung: Corsi wurde ausgewiesen. Obamas Feinde sind in diesen Tagen auch Kenias Feinde.

Eines Tages, so hoffen viele in Kogelo, wird der frischgebackene Führer der freien Welt zurückkommen in seine eigentliche Heimat und alle an seinem Erfolg teilhaben lassen. Die Straße hat Kenias ansonsten so langsames Infrastrukturministerium bereits teeren lassen. »Wir brauchen Obama, um Hoffnung unter den Jugendlichen zu verbreiten – hier gibt es doch nichts als Armut«, wünscht sich Dismass Benadus, der sich noch daran erinnern können will, wie »Barrie« seiner Großmutter einst dabei half, Gemüse zum Markt zu bringen. Auch er gehört zu denen, die abends an den Bars gerne über neue Wunschlisten diskutieren. Doch Obamas Onkel Said hat allen Bittstellern bereits eine unmissverständliche Absage erteilt. »Wir wollen nichts von ihm, aber wir werden ihn jederzeit als unseren Sohn in unserem Dorf willkommen heißen.« Ein Parlamentsabgeordneter aus dem nahen Kisumu hat bereits einen

Antrag ins Parlament eingebracht, die Landebahn des örtlichen Flughafens zu verlängern. Künftig sollen nicht nur die üblichen Propellermaschinen, sondern auch die Air Force One in der Nähe von Kogelo landen können.

Nachsatz

Die in diesem Buch gesammelten Reportagen sind
zwischen 2004 und 2008 in Zeitungen und Maga-
zinen in Deutschland, Österreich und der Schweiz
erschienen. Sie alle wurden für diesen Band über-
arbeitet und – wo nötig – aktualisiert. Die Vielfalt
der Geschichten ist dem großen und vielschichti-
gen Interesse meiner Kunden zu verdanken, die
mir als freiem Korrespondent mit jedem neuen
Auftrag meine Arbeit in Afrika ermöglichen. Für
die fruchtvolle und spannende Zusammenarbeit
danke ich den Redakteurinnen und Redakteuren
beim *Standard*, bei der *Berliner Zeitung*, der *tages-
zeitung*, beim *Evangelischen Pressedienst*, dem *Rheinischen Merkur*, der *Hannoverschen Allgemeinen*, der
Märkischen Allgemeinen, der *Aargauer Zeitung*, dem
Journalistenbüro Café Europe und allen anderen,
die täglich aufs Neue beweisen, dass Afrika für
sie und damit auch für ihre Leser kein vergesse-
ner Kontinent ist. Ebenfalls danken möchte ich
den Kolleginnen und Kollegen vom *Westdeutschen
Rundfunk*, insbesondere dem Korrespondenten
Wim Dohrenbusch, auch wenn Hörfunk- und
Fernsehstücke in einem Buch leider zwangsläufig
keinen Raum haben. Der größte Dank aber ge-
bührt den Afrikanerinnen und Afrikanern, die mit
Geduld und einer immer wieder beeindruckenden
Liebenswürdigkeit und Aufgeschlossenheit ihre
eigenen Geschichten erzählt haben. Ohne sie hätte
es die vorliegenden Berichte und dieses Buch nie

gegeben. Ganz sicher nicht zuletzt danke ich meiner Frau Karin dafür, dass sie mich nach Afrika verschleppt hat, und meinen Töchtern Annika und Merle, die auf diesem bunten Kontinent geboren sind.